Die berühmtesten Araber Deutschlands ab 1945
Hengste · Stuten

Holger Heck

Verantwortlich für den Inhalt ist der Autor.
Fotosatz: Brigitte Keller
Druck: Druckerei Haus, 6450 Hanau
Einband: Großbuchbinderei Hollmann, 6100 Darmstadt
ISBN: 3-921142-70-9

Holger Heck

unter Mitarbeit von Christoph Krüger

Die berühmtesten ARABER Deutschlands ab 1945

Hengste · Stuten

L. B. AHNERT-VERLAG

Jamil v. Madkour I a.d. Hanan. Z. u. B.: Dr. H.-J. Nagel, Katharinenhof, Araber Gestüt, Hespenbusch.

INHALT

Ein Wort zuvor

Eine Auswahl zu treffen ist immer ein heikles Unterfangen. Es ist schwierig bei Pferden aus den Sportpferdezuchten, obwohl hier »objektive« Kriterien vorliegen: Da hat ein Sportpferd eine bestimmte Gewinnsumme erreicht, da haben die Nachkommen eines Hengstes ihre Gewinnsummen im Sport laufend auf das Lebensgewinnsummen-Konto ihres Vaters »überwiesen«, da sind herausragende Erfolge (WM, Olympiade, etc.) zu verzeichnen. Doch auch diese, auf den ersten Blick objektiven Kriterien, nach denen eine Auswahl zu treffen wäre, sind natürlich nicht objektiv.

Die Gewinnsummen waren vor 20 Jahren viel kleiner als heute. Ein Hengst hat sich zum Beispiel vor allem als Vater von herausragenden Mutterstuten innerhalb einer Zucht bewiesen und ist deshalb unter den besten Hengsten mit den höchsten Gewinnsummen nicht zu finden. Die Gewinnsummen in Dressur und Vielseitigkeit sind erheblich geringer als im Springen, was aber natürlich keinen Vergleich auf die Leistung zuläßt. Sogar auf dem Felde, auf dem man von den Pferden meßbare Leistungen erwartet, ist eine Auswahl sehr schwer.

Noch viel schwerer ist solch eine Auswahl unter den »berühmtesten Pferden« zu treffen, wenn es sich um eine Rasse handelt, die nicht in erster Linie auf eine meßbare Leistung hin gezüchtet wird. Der Vollblutaraber ist eine Faszination — keine Sportmaschine. Nicht leichter wird die Auswahl, wenn auch eine solche Entscheidung mit einfließen muß, daß es sich hier nicht um eine national begrenzte, sondern um eine internationale Zucht handelt.

Der Vollblutaraber steht im Mittelpunkt dieses Buches. Zusätzlich aufgenommen sind die Rassen Anglo-Araber und Shagya-Araber. Dies ist keine Frage der Wertschätzung oder der Qualität dieser beiden Rassen — es ist einfach eine Frage der Bedeutung dieser Rassen in der Bundesrepublik Deutschland. Rein zahlenmäßig führt der Vollblutaraber die einzelnen Zuchtrichtungen an. Es folgen die Shagya-Araber und danach die Anglo-Araber. In diesen unterschiedlichen Größenordnungen sind die Pferde in diesem Buch vertreten.

Beim Vollblutaraber stehen natürlich die Zuchtleistungen an erster Stelle. Hier konnte es nicht anders sein, als daß ein Großteil der in diesem Buch vertretenen Hengste und Stuten schon älter ist, zum Teil nicht mehr am Leben. Oftmals ist die Zuchtwertschätzung eines Pferdes erst wirklich möglich, wenn dieses Pferd schon nicht mehr lebt. Es dauert in der Pferdezucht allgemein lang, um feststellen zu können, wie stark sich ein Hengst oder eine Stute über einen längeren Zeitraum in der Zucht verankert hat. Es gibt eine Reihe von Beispielen von besonders erfolgreichen Zuchtpferden, die sich später aber innerhalb der Zucht mit ihrem »Blut« nicht halten konnten. Das sind Strohfeuer oder züchterische Feuerwerke, die sich allerdings meistens erst eine oder auch mehr Generationen nach dem Ausscheiden eines solchen Pferdes aus der Zucht erweisen.

Es sind aber auch recht junge Pferde in diesem Buch vertreten. Hier handelt es sich um Pferde, die sich wegen ihrer Erfolge in jungen Jahren schon mit an die Spitze der Zucht gestellt haben, und von denen größerer züchterischer Einfluß erwartet werden kann. Unter anderem deshalb, weil solche Pferde durch diese Erfolge natürlich in den züchterischen Blickpunkt geraten und dadurch auch vermehrte Chancen haben, sich vererbungsmäßig zu erweisen.

Schon hier ist ein wichtiger Ansatz, die Subjektivität zu erklären, mit der solch eine Auswahl natürlich getroffen werden muß. In manchen Fällen ist es sicherlich so, daß ein Pferd in diesem Buch vertreten ist und zu den berühmtesten Arabern gerechnet werden muß, während ein anderes Pferd, das möglicherweise eine größere Bedeutung hätte haben können, nicht auf den Seiten dieses Buches zu finden ist. Die Subjektivität dieser Auswahl muß natürlich auch darin begründet sein, daß nur Ergebnisse gewertet werden können.

Sicherlich gibt und gab es Hengste in der Zucht, die eine überragende Nachzucht hätten haben können. Doch sie hatten wenig oder keine Chancen in der Zucht — sie hatten oder haben nicht die Möglichkeit, ihre große züchterische Klasse zu beweisen. Und es gibt andere Hengste, die — aus welchen Gründen auch immer — sehr viele Möglichkeiten in der Zucht haben. Diese Hengste mögen zu einem Teil sicherlich schlechter sein als die anderen — doch wenn ein Hengst mit vielen guten Stuten angepaart wird, ist zu erwarten, daß trotz seiner Mittelmäßigkeit Spitzenprodukte zu einem gewissen Teil der Zucht wieder zugeführt werden können. Über diese Spitzenpferde, die solch ein Hengst hinterläßt, werden dann unter Umständen die vielen mittelmäßigen Nachkommen in Vergessenheit geraten. Diese Überlegungen sollen deutlich machen, daß natürlich auch bei einer solchen Auswahl immer nur davon ausgegangen werden kann, was war oder was ist — nicht davon, was hätte sein können.

Bei der Auswahl der Pferde haben eine Reihe von Kennern geholfen. Es sind große und langjährige Züchter und Insider dieser Rasse befragt worden, es hat Gespräche gegeben mit einer Reihe von kleineren Züchtern, die sich aber schon seit vielen Jahren der Zucht dieses Pferdes verschrieben haben. Nicht zuletzt ist eine Abstimmung mit der Zuchtleitung des Araberverbandes erfolgt, die darüber hinaus in vorbildlicher Weise bei der Zusammenstellung von Daten und Fakten zu jedem einzelnen Pferd behilflich war. Dafür soll schon an dieser Stelle Dank gesagt werden. Nicht zuletzt Dank auch an Erika Schiele für die vielen guten Ratschläge.

Die endgültige Auswahl hat der Autor getroffen. Nach bestem Wissen und Gewissen, natürlich — doch auch mit einer gewissen Rigorosität, denn ein Buch hat eine bestimmte Anzahl von Seiten und darüber hinaus geht nichts mehr.

Es ist selbstverständlich versucht worden, Pferde, die eigentlich vorgesehen waren, aus Gründen des Platzes aber nicht mehr unterzubringen waren, innerhalb der Vorstellungen ihrer Väter oder Mütter entsprechend mit zu berücksichtigen. Das ist in den meisten Fällen gelungen, so daß bei diesem Buch natürlich nicht nur die vielen Pferde gewürdigt sind, die ein »eigenes« Kapitel haben, sondern selbstverständlich auch die, die innerhalb dieser Kapitel auch noch erwähnt werden. Wenn es sich nicht gerade um einen überragenden Stempelhengst handelt, oder um eine Mutterstute, die man als einen Markstein in der Zucht begreifen muß, ist es ohnehin fast nicht möglich, innerhalb einer erfolgreichen Linie — ob männlich oder weiblich — das Pferd herauszustellen, das alle anderen überstrahlt.

Die Überlegungen innerhalb der einzelnen Linien in der Vollblutaraberzucht der Welt haben bei der Auswahl zu diesem Buch keine Rolle gespielt. Für den Autor und auch für die vielen Mitarbeiter und Ratgeber an diesem Buch gibt es keinen »ägyptischen«, »polnischen«, »russischen«, »spanischen« oder auch »deutschen« Araber. Es mag erfolgreich und vielleicht hilfreich beim Verkauf dieser Pferde sein, wenn man ihnen ein Etikett aufdrückt, sie einer besonders exklusiven Population zurechnet — für die Zucht des arabischen Pferdes in der Welt sind diese »Zuchtrichtungen« nichts als bestimmte Linien, bei denen natürlich in dem einen oder anderen Fall Wert auf bestimmte Eigenschaften gelegt wurde und gelegt wird und diese entsprechend selektiert worden sind. Es hat also, um dies deutlich zu sagen, nicht die Überlegung gegeben, daß neben den »ägyptischen« und den »polnisch-russischen« Arabern in diesem Buch auch eine bestimmte Anzahl an zum Beispiel »spanischen« oder anderen Pferden vertreten sein muß. Das einzige Kriterium war: Vollblutaraber.

Wenn der Autor die Entwicklung richtig sieht, hat diese Selbstisolierung bestimmter Linien ihren Höhepunkt innerhalb des deutschen Zuchtgeschehens noch nicht einmal in befürchtetem Ausmaß erreicht und ist nun schon wieder im Abflachen begriffen. Immer mehr stehen Pferde auf Schauen und auch bei den Körungen vorn, die sich in ihrem Blutaufbau aus verschiedenen Linien zusammensetzen und wahrscheinlich gerade deshalb erfolgreich sind. Es scheint zumindest ansatzweise erkannt worden zu sein, daß diese Konzepte launischen Modeschwankungen unterworfen sind und der Erfolg von heute in übergroßem Maß, bei langen Jahren des Mißerfolgs danach, nicht zu vergleichen ist mit einer kontinuierlichen und soliden Zuchtpraxis, die einfach davon ausgeht, einen Vollblutaraber in bestem Typ und mit besten Interieur- und Exterieur-Eigenschaften zu züchten — unerheblich davon, wie sich sein Blut aus den verschiedenen Zuchtrichtungen der Welt zusammensetzt.

Fraglos ist das ein hoffnungsvoller Trend, von dem man sich wünschen möchte, daß er sich weiter fortsetzt. Mehr zu diesem Thema soll im nächsten Kapitel ausgeführt werden.

Gleichberechtigt neben den Vollblutarabern sind in diesem Buch einige herausragende Anglo-Araber und Shagya-Araber vorgestellt. Hier handelt es sich um eine zahlenmäßig erheblich kleinere Auswahl, weil diese Zuchten gegenüber der Vollblutaraberzucht doch erheblich kleiner sind. In beiden Fällen ist hier bei der Auswahl allerdings selbstverständlich auf Leistungskriterien geachtet worden. Und in dieser Hinsicht müssen sich zum Beispiel die Anglo-Araber keineswegs gegenüber den Reitpferderassen verstecken. Mit Ramzes, Burnus, Kallistos und Matcho sind vier Hengste aus der anglo-arabischen Zucht in diesem Buch vertreten, die innerhalb der deutschen Pferdezucht und innerhalb verschiedener Zuchten einen herausragenden Namen haben. Da sich der Anglo-Araber in Deutschland vor allem als Veredler und Verbesserer der Warmblutzuchten einen Namen gemacht hat, mußte mangels Masse auf das Vorstellen besonders herausragender Anglo-Araberstuten verzichtet werden. Sicherlich wird der Einfluß des Anglo-Arabers noch steigen. In diesem Zusammenhang ist zu hoffen, daß die kleine, aber inzwischen recht feine deutsche Anglo-Araberzucht einen entsprechenden Auftrieb erfährt und auch zahlenmäßig auf das Niveau gerät, das ihr heute wahrscheinlich schon gebührt.

Auch der Shagya-Araber ist ein Pferd, das sich mit den anderen Reitpferderassen messen lassen will und auch messen lassen muß. Deshalb ist auch hier bei der Auswahl der vorgestellten Stuten und Hengste auf die entsprechende und ausgewiesene Reiteignung geachtet worden. Sei es in der Eigenleistung eines Pferdes, aber natürlich auch bei der Leistung der Nachkommen. Auf den zwangsläufigen Richtungsstreit in dieser Zuchtrichtung ist bei der Auswahl keine Rücksicht genommen worden. Die Frage ist natürlich: Soll der Shagya-Araber ein besonders rittiger Araber sein, oder versucht diese Rasse mit den anderen Reitpferderassen zu konkurrieren, muß sich dieses Pferd den Reitpferderassen annähern in bezug auf Größe, Kaliber und Substanz? Da diese Frage innerhalb dieser Zucht noch lange nicht ausdiskutiert worden ist (dazu war die Zeit bisher auch zu kurz), soll darauf verwiesen werden, daß die Auswahl der vorgestellten Pferde nicht nach solchen Überlegungen erfolgt ist.

Brand-Hof, 1987 Holger Heck

Was ist ein Vollblutaraber: Reitpferd oder Kunstwerk?

Als offizielle Frage gestellt: was ist das Zuchtziel des Vollblutarabers, wird man immer wieder diese Antwort hören: der Vollblutaraber ist ein besonders schönes, typvolles und dem Menschen zugewandtes Reitpferd.
Wenn der Vollblutaraber solch ein Pferd ist oder solch ein Pferd sein soll, dann muß es möglich sein, diese Rasse mit den Augen eines Reitpferderichters einordnen zu können. Doch darauf sagen ernsthaft bemühte und kenntnisreiche Züchter dieses Pferdes: Das geht nur in den wichtigsten Reitpferdekriterien — es gibt aber andere Wertmaßstäbe in dieser Rasse, die eine Beurteilung durch einen Reitpferdefachmann nicht möglich machen.
Jeder Züchter des arabischen Vollblutes wird, einzeln gefragt, sagen: Ich züchte einen besonders typvollen Araber mit möglichst guten Reitpferdeeigenschaften. Der gleiche Züchter wird aber unter Umständen auch sagen, daß er den sogenannten Wüstenaraber anstrebt. Und wenn es nicht der gleiche Züchter ist, dann ist es ein anderer, der aber auch auf die ausgezeichneten Reitpferdeeigenschaften der von ihm gezüchteten Pferde verweist.
Nun passiert es bei solchen Besuchen, daß man lange über die Notwendigkeit, daß arabische Pferde auch geritten werden müssen, einvernehmlich diskutiert hat und nun danach fragt, einen gerittenen Araber vorgeführt zu bekommen. Dann kann es aber durchaus geschehen, daß der einzige Sattel der Zuchtstätte gerade verliehen ist, dieser Sattel sich in der Reparatur befindet oder in der nächsten Woche der erste Sattel überhaupt erst gekauft werden soll . . .
Das sind keine Übertreibungen. Sicherlich sind es Ausnahmen — allerdings bezeichnende.

Was ist also der Vollblutaraber?
Ein Reitpferd? Ein Kunstwerk?

Warum wird dieses Pferd auf der ganzen Welt von Pferdekennern, von Menschen, die sich dem Pferd verpflichtet fühlen, von Ästheten, von Kunstliebhabern, von Reitern, von Neureichen, von infantilen Spinnern, von Profilneurotikern, von Träumern und von Pferdeprofis gezüchtet? Wahrscheinlich müssen wir uns zur Beantwortung dieser Frage zuerst einmal wieder zurück in die Wüste begeben, dorthin, wo dieses Pferd entstanden ist.

Das arabische Pferd ist die erste Reitpferderasse gewesen, die diese Erde gesehen hat. Ein ausdauerndes, trockenes, hartes und sehr typvolles Pferd, das über Jahrhunderte als Reitpferd, als Soldatenpferd und auch als Rennpferd nicht zu schlagen war. Die innige Verbundenheit zwischen dem arabischen Menschen und seinem

Pferd resultiert nicht in erster Linie aus dem Versuch, dieses Pferd dem Menschen besonders zugetan zu machen, sondern diese innige Verbundenheit ist ein Ausdruck der Wertschätzung des arabischen Menschen gegenüber seinem leistungsbereiten Helfer.

In den meisten Reitpferdezuchten dieser Erde finden wir auch heute noch einen größeren oder kleineren Tropfen arabischen Blutes. Nur wenige Rassen auf der ganzen Erde sind nicht durch den starken Einfluß dieser ersten Vollblutpferderasse entstanden.

Das andalusische Pferd — über viele Jahrhunderte das Edelpferd in Europa schlechthin — ist entstanden durch den Einfluß des Arabers. Die vielen Edelpferderassen in Europa sind wiederum über den Einfluß des Andalusiers und auch direkt durch arabischen Einfluß entstanden. Die lange Liste dieser Rasse enthält Pferderassen, die wir heute noch kennen, aber auch andere, die in den Hintergrund geraten sind: Die Lipizzaner, die Kladruber, die Frederiksborger, die Beberbecker, die Knapstrupper, die Neapolitaner . . .

Auch wenn wir heute die Rassen, zum Beispiel die Neapolitaner oder auch die Frederiksborger nicht mehr kennen — die Zuchten in Italien und auch in Dänemark führen immer noch ihre Erfolge auf diese Anfänge zurück, sie sind gewissermaßen die Fortsetzung dieser damaligen Edelzuchten.

Der Andalusier ist durch arabischen Einfluß entstanden und in seinem Erscheinungsbild stark arabisch geprägt worden.

Die ersten Pferde, die auf den amerikanischen Kontinent kamen, waren Andalusier und Lipizzaner, sicherlich auch der eine oder andere Neapolitaner. Aus diesen Pferden haben sich die wilden Mustangherden entwickelt, hieraus sind über die Jahrhunderte die vielen Rassen auf dem großen Kontinent entstanden, die wir heute kennen: die Pasos in Südamerika und im Norden die Quarter Horses, die Palominos, die Appaloosas, die Walking-Horses, etc.

Und auch die »Krone der Pferdezucht«, die wahrscheinlich einzige Pferderasse dieser Welt, die man als Kunstrasse, also allein vom Menschen erschaffen, betrachten kann, das englische Vollblut, führt sich klar auf den Araber zurück. Die drei Gründerhengste des englischen Vollblutes sind wahrscheinlich zwei Araber und ein Turkmene gewesen.

Heute springt ein mittelmäßiges Reitpferd aus einer der vielen renommierten Zuchten dieser

Auch sie unterliegen über die Jahrhunderte hinweg arabischem Einfluß: Die Quarter Horses.

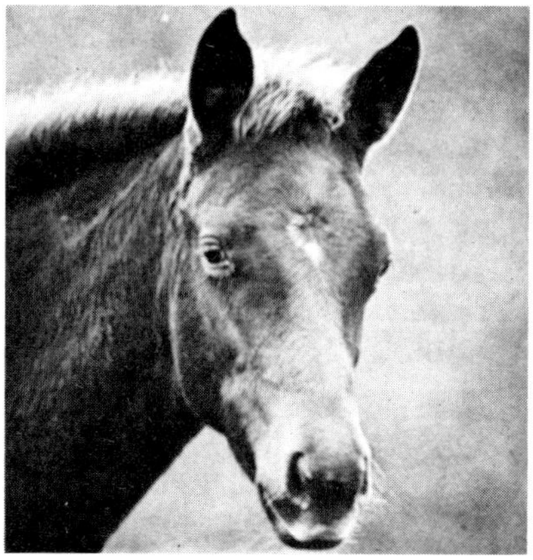

Eindeutig arabisch geprägte Palominos.

Auch diese Rasse führt über den Andalusier arabisches Blut: der Peruanische Paso.

Das englische Vollblut verdankt seine Entstehung den drei Gründerhengsten: The Darley Arabian, The Byerley Turk und The Godolphin Arabian (The Godolphin Barb).

The Darley Arabian

The Byerley Turk

The Godolphin Arabian
(The Godolphin Barb)

Welt höher als ein Araber. Ein herausragendes Exemplar eines Hannoveraners, eines Oldenburgers, eines Holländers oder auch eines Schweden zeigt mehr Gangvermögen, mehr Elastizität und mehr Rittigkeit als ein vergleichbarer Araber. Ein englischer Vollblüter ist schneller als ein Araber. Die Araber eignen sich teilweise zum Westernreiten — doch die meisten Westernreiter bevorzugen das Quarter Horse oder eine andere amerikanische Rasse. Hat der Araber — durch diese wenigen Beispiele angedeutet — also seine Vormachtstellung als bestes Reitpferd verloren?

Was für eine Frage! Natürlich hat der Araber diese Vormachtstellung verloren. Nicht erst gestern — sondern schon vorgestern.

Allerdings: nicht das arabische Pferd ist schlechter in seiner Reiteigenschaft geworden, sondern die Anforderungen an ein Reitpferd haben sich verändert. Immer noch ist das arabische Pferd zur Überwindung von langen Strecken ein überaus ausdauerndes, genügsames und bequem zu reitendes Pferd. Zu Zeiten, als der Araber diese Eigenschaften fast einzigartig unter den Pferderassen der Welt hatte, zogen die meisten anderen Pferde noch den Wagen oder wurden mit Lasten beladen.

Doch das arabische Pferd ist nicht gezüchtet worden, um über zwei Meter zu springen, es ist nicht gezüchtet worden, um Piaffe und Passage auf Abruf zu zeigen, es ist nicht gezüchtet worden, um Rinderherden über viele Kilometer zu treiben, um von seinem Rücken aus Kälber mit einem Lasso einzufangen.

Das arabische Pferd ist allerdings in der Tat unter anderem auch auf Schnelligkeit gezüchtet worden. Der Begriff »unter anderem« erklärt, warum das englische Vollblut schneller ist, als der Araber — diese Rasse wird nicht unter anderem, sondern ausschließlich auf Schnelligkeit gezüchtet.

Sehen wir es so: Das arabische Pferd ist die Keimzelle, ist der Ausgangspunkt zu den Reitpferderassen, die wir heute kennen. Und viele dieser Rassen sind ganz deutlich in eine bestimmte Richtung des Spezialistentums entwickelt worden. Vielen dieser Rassen hat der Araber seine Anlagen in Richtung auf dieses Spezialistentum mitgegeben, und diese Anlagen sind dann von findigen Züchtern weiter entwickelt und durch Selektion und Einkreuzung anderer Spezialisten vorangetrieben worden.

Für die Spezialaufgabe der großen Dressur zum Beispiel, sind heute nur wenige Araber geeignet. Doch auf sportlichem Felde sind auch nur noch wenige Lipizzaner oder Andalusier konkurrenzfähig. Obwohl diese Rassen aber gerade für diese Aufgaben gezüchtet worden sind. Heute aber fristen sie ihr Dasein in einem Ghetto, weil sie von den Anforderungen (wer weiß ob bessere oder schlechtere — sagen wir andere) überholt worden sind. Immer noch sind diese barocken Pferderassen wahrscheinlich in der Schule über dem Boden nicht zu schlagen — doch wenn es um die Beurteilung eines räumenden Schrittes oder des Trabes oder des Galopps geht, sind ihnen andere Rassen auf dem Dressurviereck überlegen. Ein deutliches Beispiel, wie sogar innerhalb einer bestimmten Spezialisierung Rassen in ihrer Spezialausprägung überholt werden können von neuen Anforderungen. Ein anderes Beispiel soll verdeutlichen, wie der Unterschied zwischen solchen Ur-Rassen und den bevorzugteren »modernen« Rassen vielleicht gesehen werden kann:

Ein wirklicher Weinkenner, der viele Jahre seines Lebens seinen Gaumen trainiert hat, der »gelernt« hat, einen wirklich guten, unverfälschten und in seinen spezifischen Eigenschaften erkennbaren Wein zu trinken, wird sich keinen Verschnitt andrehen lassen. Er wird Wert darauf legen, den ersten Wein als einen besonders süßen Dessertwein zu genießen und einen anderen als besonders trocken.

Der Massengeschmack kann so nicht sein: Prozentual wenige Weine, die im großen Markt verkauft werden können, sind wirklich unverfälscht, sagen wir mal: naturrein. Sie sind untereinander verschnitten, sie sind behandelt und auf

eine bestimmte Art aufbereitet. Sie sind so aufbereitet, wie der Massengeschmack sie haben will, wie sie verkauft werden können.
Ein Durchschnitts-Weintrinker wird den süßen Dessertwein als zu süß und den trockenen Roten ganz einfach als sauer empfinden. Er hat nicht gelernt (man kann nicht alles lernen!), daß gerade diese spezifische Eigenschaft solch einen Wein ausmacht.

Wenn es die vielen Massen-Weintrinker auf der ganzen Welt aber nicht gäbe, könnten auch die Kenner nicht den Wein genießen, der ihnen Freude macht. Ohne die vielen Weintrinker würde nur wenig Wein angebaut, gäbe es kaum die Möglichkeit, so viele unterschiedliche, besondere und unverfälschte Weine zu erzeugen. Oder anders ausgedrückt: Erst die vielen spezifischen Weine ergeben die Möglichkeit, einen Verschnitt zu mischen, der dem Massengeschmack entgegenkommt.

Der Kenner weiß also, daß es sich beim arabischen Pferd um die Rasse handelt, die der Ausgangspunkt für alle anderen Reitpferderassen gewesen ist. Er wird auch wissen und züchterisch weiterhin dafür sorgen, daß sich das arabische Pferd in seinen Reiteigenschaften nicht verschlechtert, daß sich aber die Anforderungen an ein Reitpferd verändert haben.

Zucht heißt Verbesserung. Diese Definition ist kaum diskutierbar und sicherlich auch unumstritten.

Daraus ergibt sich allerdings die Frage, ob es sich bei der Zucht des typischen Arabers um eine Erhaltung, also nicht um eine verbesserte Fortführung handelt. Ähnliche Fragen müssen sich natürlich auch die Züchter der Andalusier, der Lipizzaner oder der Kladruber stellen. Erhalten sie nur ein »Museumsstück« um der Erhaltung eines Kulturgutes willen, oder haben sie die Möglichkeit, diese Rassen in sich weiter zu verbessern, also zu züchten nach der Devise: Zucht ist Verbesserung.

Wenn man eine Rasse in ihrer ursprünglichen Form erhalten will, verbietet sich das Schielen nach anderen Rassen, nach anderen Zuchtzielen — das ist klar. Es wäre überflüssig, zu versuchen, aus dem Araber einen Hannoveraner oder ein Quarter-Horse zu machen — die gibt es schon. Wenn wir aber auf der anderen Seite sicher sind, daß es kein Pferd auf der Erde gibt, das ohne Fehler ist, dann kommen wir dem erklärten Ziel, durch Zucht immer auch verbessern zu wollen, schon wieder ein Stück näher — auch wenn es um die Zucht unverfälschter Araber, Andalusier oder Lipizzaner geht.

Wenn also kein Pferd vollkommen ist, vollkommen sein kann, dann kann es eine ganze Population schon lange nicht. Dann gibt es also immer auch züchterische Felder, weiter zu verbessern, ohne sich an Vorbildern zu orientieren, die das Bild der eigenen, der ursprünglichen Rasse verfälschen würden.

Und das beantwortet eigentlich auch gleich die Frage nach dem sogenannten »Wüstenaraber«. Kein Züchter kann es eigentlich anstreben, ein Pferd zu züchten, das nach den unumstößlichen Gesetzen der Rittigkeit und damit teilweise auch physikalischer Gesetze (Hebelwirkung, etc.) ein Rückschritt wäre. Mit dem Habitus eines introvertierten Museumsdirektors wird auf die langen und geraden Kruppen von arabischen Pferden auf zeitgenössischen Darstellungen gedeutet, und damit sollen die geraden Kruppen der eigenen Pferde im Stall erklärt werden: »Mag schon sein, daß ein Pferd mit einer abgedrehten Kruppe schwungvoller gehen kann — wir aber wollen den originalen, den wirklichen Wüstenaraber züchten!«

Dabei weiß erstens aus eigener Anschauung heute jeder Pferdeliebhaber, wie schwierig es ist, ein Pferd in der Kunst darzustellen. Obwohl die Techniken von Malerei und Bildhauerei heute erheblich vielfältiger und vollkommener sind, gelingt es nur selten, ein Pferd wirklich so darzustellen, wie es sich lebendig präsentiert. Nur wenigen Künstlern ist diese Kunst sogar heute wirklich eigen.

Niemand weiß, wieviel die zeitgenössischen Künstler von den Pferden verstanden, die uns manche Darstellung überliefert haben. Was aber noch wichtiger ist, um eine solche Überlegung ad absurdum zu führen: Kein Pferd ist ohne Fehler, niemals hat eine Zucht ein Ende erreicht. Und immer auch ist Pferdezucht sehr stark mit wirtschaftlichen Möglichkeiten verknüpft. Wenn der Beduine also auf einer zeitgenössischen Darstellung ein Pferd mit einer geraden Kruppe und einer steilen Hinterhand hat, dann hatte er eben kein besseres. Und sicherlich hätte er sich sehr gefreut, ein Pferd mit einer günstigeren Hinterhandkonstruktion zu bekommen. Die Geschichte hat verhindert, daß sich das arabische Pferd in seiner Ursprungsregion in der Breite in dieser Hinsicht verbessern konnte, weil die Zucht in diesen Gebieten nach der großen Blütezeit der arabischen Kulturen praktisch zum Stillstand gekommen ist. Die Liebhaber aus Amerika, aus England und ein wenig auch aus Deutschland, haben im vergangenen Jahrhundert die letzten Reste teilweise gesichert und in größerem Ausmaß hat erst nach Ende des Zweiten Weltkrieges in der arabischen Welt, vor allem aber außerhalb dieser Welt die »verbessernde Zucht« des arabischen Pferdes wieder eingesetzt.

Sicherlich würde sich der Beduine auf der zeitgenössischen Darstellung freuen, wenn man ihm einen Araber mit abgedrehter Kruppe und gut gewinkelter Hinterhand aus der heutigen Zucht geben würde. Wenn es dann auch noch ein Araber wäre, der eine schräge und lange Schulter hätte, würde er beim Besteigen dieses Pferdes und nach den ersten Runden im Wüstensand den modernen Züchtern dieses Pferdes sicherlich seine Hochachtung zollen. Denn von Pferdezucht — davon können wir sicher ausgehen — haben diese Araber etwas verstanden ...

Wenig davon versteht aber ergo der heutige Züchter, der versucht, ein Pferd innerhalb einer Rasse zu züchten, das seit drei-, vier- oder auch fünfhundert Jahren überholt ist. Ein Pferd zu züchten, das schlechter ist als der Standard — das kann schwerlich Ziel einer Zucht sein.

Ziel muß sein, ein Pferd zu züchten, das alles das hat, was seine Rasse unverwechselbar macht und das sich in allen diesen Eigenschaften von Generation zu Generation noch verbessert. Nur damit kann der heutige Züchter, wenn er sich den Begründern dieser Rasse verpflichtet fühlt, diesen Respekt und Reputation erweisen.

Wenn es um den unverwechselbaren arabischen Typ geht, haben die vielen Züchter überall in der Welt in wenigen Jahrzehnten großartige Ergebnisse vorzuweisen. Wenn man zeitgenössische Darstellungen, Aufzeichnungen und andere Möglichkeiten zu Rate zieht, kann man sicher davon ausgehen, daß der Typ des arabischen Pferdes niemals in der Breite vollkommener war, als dies in unserer Zeit der Fall ist.

Darüber muß man sich freuen. Dies ist auch ein Grund dafür, warum immer mehr Menschen auf der ganzen Welt ihr Herz an das arabische Pferd verlieren.

Doch jede Medaille hat zwei Seiten. Gerade dieser unverwechselbare Typ, diese Faszination, die deshalb von diesem Pferd ausgeht, ist es, die der Grund dafür ist, warum sich diese Pferderasse über die ganze Welt verbreitet hat. Und wenn ich nun, obwohl es in meiner Umgebung auch andere Pferderassen gibt, mich züchterisch mit eben diesem überaus schönen Pferd beschäftigen will, werde ich natürlich das züchterische Hauptaugenmerk vor allem auf das legen, was mich an diesem Pferd so begeistert: auf den Typ.

Das ist zuerst einmal keineswegs verwerflich. Im Gegenteil. Kritisch wird es erst, wenn über diesem einen Kriterium viele andere, nicht weniger wichtige Kriterien vergessen werden oder zumindest nicht mehr mit dem Maß beachtet werden, das sie verdienen.

Den Typ, den Adel einer Pferderasse wie des Arabers laufend zu verbessern, permanent zu verfeinern, ist eine züchterisch schwere Aufgabe. Doch es würde heißen, die züchterische Aufgabe unzulässig zu verkleinern, wenn man sein Zuchtziel auf ein Kriterium beschränkt. Dann wäre Zucht nämlich eine vergleichsweise leichte Aufgabe. Es geht aber in der Zucht — und das macht diese Aufgabe so schwer und oft auch so unberechenbar — nicht darum ein Kriterium weiter zu verbessern, sondern diese Aufgabe ist erheblich vielschichtiger: Die Aufgabe des Züchters setzt sich aus einer langen Reihe von Kriterien zusammen. Er muß versuchen, Kriterien in ihrer vorhandenen Qualität zu erhalten und andere zu verbessern. Natürlich darf er Schwergewichte setzen, doch sie müssen in einem vertretbaren Verhältnis zu den anderen Kriterien stehen.

Um das ganz deutlich zu machen: Über der Frage nach dem Typ des arabischen Pferdes und dem Versuch, der laufenden Verbesserung dieses Typs sind in besorgniserregendem Ausmaß zum Beispiel in der Araberzucht in Deutschland die Fundamente vernachlässigt worden. Ein Pferd mit einem guten Fundament zu züchten, bei ausgezeichnetem Typ ist durchaus möglich — nur das ist eben erheblich schwieriger, als nur auf den Typ zu achten und das Fundament als Nebensache zu betrachten. Wahrscheinlich hätte der Züchter in der Wüste ein Pferd mit einem guten Fundament und etwas weniger Adel einem anderen mit sehr viel Adel und einem schlechten Fundament vorgezogen . . .

Er brauchte dieses Pferd schließlich nicht, um einen schönen Ausblick von seinem Zelt aus zu haben, sondern für ihn war dieses Pferd ein Mittel sein Leben zu fristen, Auto, Eisenbahn und Flugzeug in einem und manchmal auch Lebensretter.
Negativ ist das Schicksal des arabischen Pferdes leider auch dadurch beeinflußt worden und wird weiter beeinflußt, weil so wenig Leistungsbeweise von diesem Pferd verlangt werden. Eine Handvoll Pferde, die sich auf Distanzritten beweisen muß, ein paar, die in den kleineren Klassen des Sportes eingesetzt werden und ein paar andere, die im Gespann ihre Leistungsfähigkeit zeigen können, reichen natürlich nicht aus, innerhalb einer Rasse eine automatische Selektion auf Trockenheit, korrekte und ausreichend starke Fundamente und Haltbarkeit in Gang zu halten.
Die Leistung eines Arabers wird heute auf den Schönheitsschauen bemessen. Hierbei läßt sich aber natürlich leistungsmäßig nur feststellen, wie gut solch ein Pferd einen Pferdehänger besteigt, wie gut es den Streß des Transportes aushält, wie es sich in einer fremden Umgebung mit seinen Artgenossen versteht und wie gut es sich an der Hand führen läßt.

Auf solchen Schauen muß natürlich der unverwechselbare arabische Typ eines Pferdes eine herausragende Rolle spielen — doch leider führt dies eben auch dazu, daß dieser Typ oftmals über viele andere nicht minder wichtige Kriterien gesetzt wird oder gesetzt werden muß.

Da diese Schauen inzwischen den deutlichen Charakter von Schönheits-Wettbewerben angenommen haben und die Eigenschaft der Zuchtschau nur noch eine kleine Rolle zu spielen scheint, werden sie kaum in weiterer Zukunft der Verbesserung dieser Zucht dienen können. Auf diesen Schauen werden die Pferde beurteilt, wie sie sich an diesem Tag eben zeigen — in Konkurrenz mit den anderen Pferden. Das muß — je nach Tagesform und Richter-Zusammensetzung — natürlich unterschiedliche Ergebnisse auf verschiedenen Schauen zeigen.
Bei einer reinen Zuchtschau, die natürlich in jeder Zucht immer wieder stattfinden muß, um den Stand zu überprüfen, auf dem sich eine Zucht befindet, werden natürlich auch die züchterischen Leistungen eines Pferdes mit in das Ergebnis einfließen. Auf solch einer Schau kann eine Stute, die laufend in Schaukondition gehalten wird, aber noch niemals ein Fohlen gebracht hat, schwerlich einen Blumentopf gewinnen. In den meisten Fällen ist sie noch nicht einmal zum Start berechtigt, weil sie der Zucht schließlich kaum nützt, wenn nur sie selbst sehr schön ist und gute Gänge zeigt. Eine Zucht lebt von den Stuten und Hengsten, die sich in ihrer Qualität sicher weitervererben — und dies ist natürlich erst feststellbar, wenn sie auch Gelegenheit hatten, sich überhaupt zu vererben.
Natürlich muß jeder kritische Betrachter dieser Zucht zugeben, daß diese Schauen sehr gut beschickt werden — weil sie eine der wenigen Möglichkeiten sind, bei denen ein Züchter seine Pferde einer größeren Öffentlichkeit zeigen kann. Wenn er schon so gut wie nicht die Möglichkeit hat, seine Pferde unter den Sattel zu präsentieren, nimmt er natürlich die Schau als einzige Chance einer spannenden Konkurrenz wahr.

Was allerdings zu einer Unsitte und zu einem objektiven Auswuchs dieser Schaukonkurrenzen geworden ist, soll nicht unerwähnt bleiben, weil man sich kaum vorstellen kann, daß dies ohne Auswirkungen langfristig auf die Zucht bleiben kann: Das Bewerten von Fohlen, von einjährigen und auch von zweijährigen Pferden auf solchen Schauen ist ein Unding. Erstens ist es auch für einen herausragenden Fachmann nur sehr schwer möglich, ein einjähriges Pferd zu beurteilen — vor allem aber: Pferde in diesem Alter gehören auf die Koppel!

Wenn solche Pferde einmal im Jahr für zwei Wochen (wegen der Vorbereitung) von der Koppel genommen werden, um auf einer Schau gezeigt zu werden, kann das sicherlich vertreten werden. Durch die Vielzahl der Schauen sind viele Züchter aber gezwungen, diese jungen Pferde ständig in Schaukondition zu halten. Das bedeutet:

wenig Koppelgang;

zu mastige Fütterung;

Arbeit mit Pferden, die noch keine Arbeit vertragen;

dauernde Transporte;

dauernder Turnierstreß für Kinder.

Kinderarbeit ist seit vielen Jahrzehnten verboten. Fohlenarbeit braucht nicht verboten zu werden — die Ausrichter solcher Schauen sollten nur das Wohl der ganzen Zucht im Auge behalten und solche Klassen nicht mehr ausschreiben. Es wäre zur Not auch vorstellbar, die Startmöglichkeiten von jungen Pferden auf eine oder zwei Schauen im Jahr zu beschränken. Die Galoppertrainer sind sich der Fragwürdigkeit des Trainings von zweijährigen Pferden auch bewußt und beschränken — wegen des schlechten Gewissens — die Startmöglichkeiten solcher Pferde.

Es wird wenig dagegen einzuwenden sein, wenn ein Jährling am Ende der Weidesaison für kurze Zeit ein wenig auf solch eine Schau vorbereitet wird — wenn's denn unbedingt sein muß, daß sich ein Pferd in diesem Alter einem Richtergremium stellen muß. Doch man sieht Pferde in diesem Alter an jedem zweiten Wochenende auf einer anderen Schau. Da muß man sich dann schon fragen, ob diese Pferde schon jemals das Grün einer Koppel sehen durften?

Foto: C.-H. Dömken

Inschallah

Anglo-Araber Hengste

Taragas

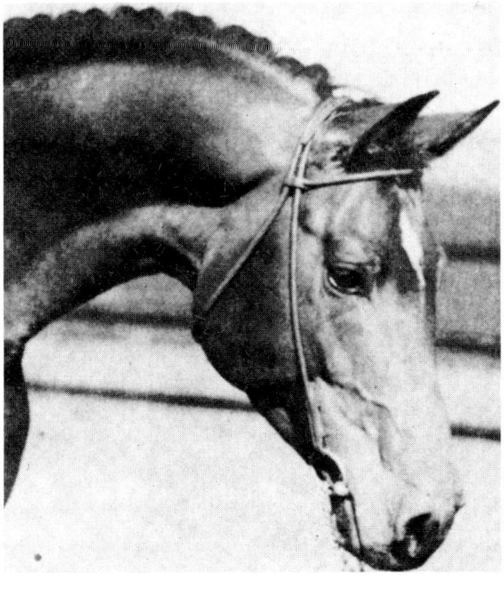

Le Tigre

Burnus

Trakehner-Zucht-Geschichte gemacht

Jeder Züchter hat in seinem Leben einen Hengst, sagt man unter Pferdeleuten und damit meint man einen wirklichen Kracher. Im Leben des langjährigen und erfolgreichen Züchters Walther Schmidt-Salzmann ist dieser Hengst der Anglo-Araber Burnus gewesen.

Dieser nicht überaus große, braune Hengst hat in seinem Leben vor allem in der Trakehnerzucht Geschichte geschrieben. Er ist Vater von 44 eingetragenen Töchtern und von drei gekörten Hengsten, von denen vor allem der Rappe Habicht herausragende Bedeutung hat und die männliche Linie des Burnus fraglos verhältnismäßig breit fortsetzen wird.

1948 ist Burnus im Stall von Schmidt-Salzmann in Salach in Baden-Württemberg geboren. Der verdienstvolle Züchter zog den Hengst in Salach im Landhaus Reutte auf. Der Vater Lapis ist in Jugoslawien geboren worden. Burnus Mutter Fenek V ist eine englische Halbblutstute gewesen, die im ungarischen Gestüt Kisber gezogen worden war. Im Jahr 1952 wurde Burnus dem Deutschen Olympia-Komitee in Warendorf zur Verfügung gestellt. Der legendäre Gustav Rau und auch General Viebig waren des Lobes voll über diesen Hengst. Er sollte nach dem Willen dieser beiden Pferdekenner und auch nach dem Willen seines Züchters eine Sportkarriere machen. Vielleicht wäre der Weg dieses Hengstes bis zu einer Olympiade verlaufen — wenn ihn eine schwere Verletzung nicht sportunfähig gemacht hätte. Vorher ging der Hengst unter dem heutigen Dressur-Olympiasieger Dr. Reiner Klimke erfolgreich einige Vielseitigkeitsprüfungen.

Burnus ging zurück zu seinem Züchter, der ihn im Jahr 1956 dem Trakehnerverband schenkte. Auf den renommiertesten Deckstationen wurde Burnus eingesetzt. Er stand im Verbandsgestüt Rantzau, im Elitegestüt Schmoel und bei Gottfried Hoogen in Kervenheim, dem heutigen Vorsitzenden des Trakehnerverbandes und großem Hengsthalter.

Burnus hatte einen trockenen, sehr arabischen Kopf. Sein Hals war lang, allerdings etwas tief angesetzt, sein Widerrist markant, er hatte einen etwas kurzen und festen Rücken und eine lange Kruppe. Seine Schulter war schräg und genügend lang. Das Vorderbein war trocken und straff, das Sprunggelenk etwas schmal eingeschient. Die letzten Jahre seines Lebens verbrachte der sehr harte Hengst bei Hans Peek in Herberge in Westfalen. Furore nicht nur in der Zucht hat der Hengst Habicht gemacht. Er war unter Martin Plewa erfolgreich in vielen internationalen Vielseitigkeitsprüfungen. Im Jahr 1987 stand Habicht als 19jähriger, vielgefragter Beschäler auf dem renommierten Gestüt Hörstein bei Aschaffenburg. Ohne Frage kann Burnus als der erfolgreichste Anglo-Araberhengst in der Trakehnerzucht nach dem Zweiten Weltkrieg bezeichnet werden, noch heute sind Trakehner Pferde, die diesen Hengst in ihrem Pedigree führen, als harte Leistungspferde sehr gefragt.

Protokoll:

BURNUS

Geboren:	1948
Farbe:	braun
Abzeichen:	h. bd. Fsl. gefl. w., v. dkl. h. gestr. Hf.
Stockmaß:	161 cm
Leistungen:	drei gekörte Hengste in der Trakehnerzucht, u.a. Habicht, 44 eingetragene Töchter

Lapis	Siglavy	Siglavy	Siglavy	Siglavy V Zarif I
			Semhan O'Bajan	G. Semhan O'Bajan
		Shagya VIII	Shagya X	Shagya VII Sheraky
			Amurath	Amurath Shagya VIII
	Phänomen	Mudir	Siglavy Bagdady	Siglavy Bagdady Aida
			Machra	Maraoud Madame Wild
		Ajkuna	Soriko	— —
			Hamdani Serluk	Tschaporni Chamdaisch-Semri
Fenék V	Fenék V	Fenék IV	Fenék II	Fenék North-Star
			History	History Dunure
		Slieve Gallion	Slieve Gallion	Gallinule Reclusion
			History	History Kalandor
	Major	Major	Lally	Amphion Miss Hogden
			Medana	Galeazzo Maria Cara
		Maxim	Maxim	St. Maclou Crested Grebe
			Filou	Filou kis béröccse

Kallistos

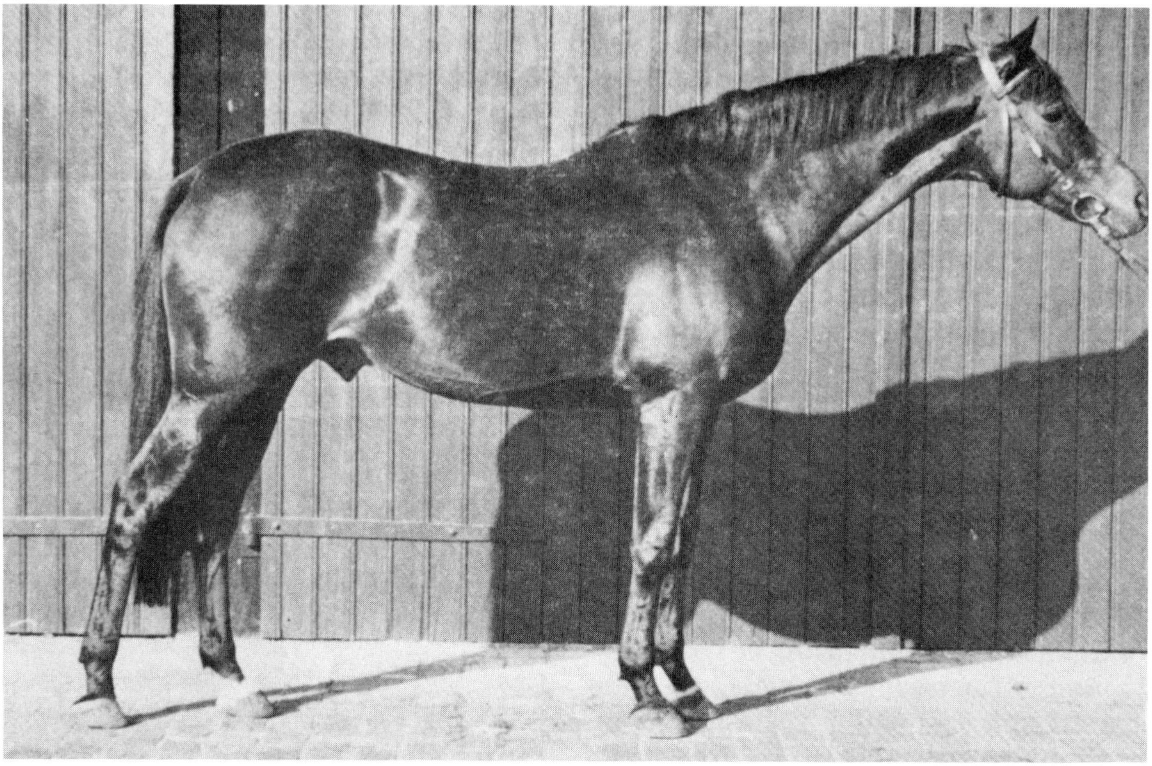

Sportpferde bis in die höchsten Klassen

Drei Jahre lang stand der dunkelbraune Anglo-Araber Kallistos in einer Beschälerbox mit größter Tradition für diese Rasse: Auf dem Gestüt Vornholz des Barons von Nagel, auf dem auch der legendäre Anglo-Araber Ramzes gewirkt hat. Ramzes darf man in die vorherige Hengstgeneration rechnen, dieser Kallistos, der im Jahr 1970 in Frankreich geboren ist, hat aber durchaus schon bewiesen, daß er in die Fußstapfen seines großen Vorgängers treten kann.
Kallistos ist für die Zuchten in Westfalen, Holstein, Trakehner und natürlich Anglo-Araber in der Bundesrepublik anerkannt. In diesen Zuchten hat auch der große Schimmel Ramzes vorwiegend gewirkt. Eine Reihe von namhaften Springreitern sind mit Nachkommen dieses Hengstes jetzt schon erfolgreich beritten. Unter anderem Fritz Ligges, Ulrich Meyer zu Bexten oder Lutz Gössing. In der Trakehnerzucht hat Kallistos mit dem Hengst Konvoi schon einen gekörten Sohn geliefert, der vielversprechend in Richtung auf eine Karriere in der Vielseitigkeit ausgebildet wird.

1970 ist dieser für seine Rasse große Anglo-Araber in Frankreich geboren. Im Jahr 1974 wurde er in Bad Sassendorf gekört. In den Kriterien Rassetyp, Reitpferdetyp und Körperbau bekam der Hengst die glatten Noten gut. Zwei Jahre später legte Kallistos in Medingen seine Hengstleistungsprüfung ab, nachdem er auch vorher schon in Frankreich auf der Rennbahn erfolgreich gewesen war. Bis zum Jahr 1977 stand Kallistos auf dem Gestüt Vornholz bei Ostenfelde. Seit 1978 steht er mit Pachtunterbrechungen bei Karl-Ludwig Lackner in Borgholzhausen. Kallistos zeichnet sich vor allem durch viel Linie und für seine Rasse besonders gute Bemuskelung der Hinterhand aus. Seine Bewegungen sind überaus geschmeidig und von großer Elastizität. Das ausgesprochen gute Temperament und seine Intelligenz gibt dieser Hengst allen seinen Nachkommen mit. Im Jahr 1986 gewannen die Kallistosnachkommen rund 20 000 Mark auf Turnieren, vornehmlich im Springen.

Springreiter loben vor allem die gute Vorderbeintechnik der Kinder dieses Hengstes und ihre Geschmeidigkeit über dem Sprung. Für einen Anglo-Araber ist Kallistos in den deutschen Zuchten vergleichweise stark benutzt worden — man muß diesem Hengst aber eine noch stärkere Zuchtbenutzung wünschen, da er die Eigenschaften vererbt, die heute in allen Reitpferdezuchten in erster Linie gefragt sind: Intelligenz, Elastizität und Leistungswille.

Protokoll:

KALLISTOS

Geboren:	1970 in Frankreich
Züchter:	Madame Gérard Sereys, Bonnut
Farbe:	Dunkelbraun
Abzeichen:	l. Vkr. unreg. gefl. w., l. Hfsl. w., l. Sattellage w. Fleck
Stockmaß:	168 cm
Gekört:	1974

Djerba Oua xx	Dragon	Norniz	Djebel Mousa
			Nejmah
		Dragonne	Denouste
			Djaranat
	Doree II	Kriss II	Denouste
			Kenia
		Dragee IV	Denouste
			Djaranat
Keseybiss	Cor de Chasse	Aethelsan	Teddy
			Dedicace
		Corniche d'Or	Ksar
			Clef d'Or
	Kesbera	Dadji	Asterus
			Perle d'Orient
		Kraina	Denouste
			Kenia

Matcho

Solche Anglos züchten nur die Franzosen

Matcho ist in Süd-Frankreich geboren — doch er kam schon vor Vollendung seines dritten Lebensjahres nach Hannover. Seine Zucht-Karriere hat er in Deutschland begonnen, und wenn er gesund bleibt, wird er seiner Rasse sicherlich auch in Hannover noch viel Lob eintragen.

Matcho ist ein Anglo-Araber von bester Sorte. Er hat die Linien und die Härte des englischen Vollblüters und den Überguß und den Schmelz vom Araber. Dabei ist er mit einem Stockmaß von 163 Zentimetern im Alter von zweieinhalb Jahren für seine Rasse verhältnismäßig groß. Er ist in späteren Jahren noch erheblich gewachsen und dürfte als ausgewachsener Hengst annähernd 170 Zentimeter Stockmaß haben.

Der Einsatz fremden, und in diesem Fall gänzlich fremden Blutes, war im hannoverschen Zuchtgebiet niemals ganz einfach. Wenn man weiß, was man hat, ist man anderem gegenüber logischerweise nicht sonderlich aufgeschlossen. Doch dieser Rappe Matcho hat auch in Niedersachsen eingeschlagen wie eine Bombe. Beteiligt war er an diesem Senkrechtstart natürlich zuerst einmal selbst. Der Hengst in seiner Erscheinung mag jedem Züchter sicherlich gut gefallen haben. Daß die Zucht in diesen Jahren einen Schuß Adel und ein wenig mehr Flair vertragen konnte, machte er auch den meisten Züchtern deutlich.

Dann aber ging Matcho bei der Hengstleistungsprüfung in die Startblöcke und überzeugte auch den letzten Skeptiker: Er gewann mit einer bis dahin noch niemals dagewesenen Punktzahl von 139 Punkten mit großem Abstand vor dem nächsten Hannoveraner. 30 Hannoveraner Hengste hatten mit diesem Anglo-Araber konkurriert — keiner konnte ihm das Wasser reichen.

Die Deckliste von Matcho war von Anfang an voll. Besonders große und schwere Stuten mit gutem Fundament wurden mit ihm gepaart, und diese Einsätze haben sich als fast durchweg positiv erwiesen.

Natürlich sind unter den Nachkommen dieses Hengstes auch Kinder, die etwas leicht sind und nicht gerade in der Knochenstärke ihren größten Pluspunkt haben. Doch dies ist natürlich nicht Ziel eines solchen Einsatzes. Matcho verbessert durchschlagend den Typ, er macht Pferde mit besonders elastischem Gangvermögen und sehr viel Ausstrahlung.

Seit Anfang seines Deckeinsatzes ist Matcho in Oberndorf aufgestellt. Ende der achtziger Jahre (Matcho deckt seit 1983) war es noch zu früh, über die Matcho-Töchter und -Söhne in der Zucht endgültiges zu sagen — doch man kann wahrscheinlich davon ausgehen, daß sich das Matcho-Blut in weiteren Generationen noch fruchtbringender auswirken wird.

Pancho II	Nithard	Kesbeth	Dadji (PS) Kraina (AR)
		Nitouche	Lotus VII (AA) Nausicaa
	Anisette III	Farceur VIII	Velox Faltsia
		Quenotte	Abel Marchesa (PS)
Timab be Fondelyn	Karikal IV	Nid D'or	Ouragan II Liliane
		Olmeda	Olmeda Cavallina
	Mabri de Fondelyn	Chamberet	Lotus VIII Clelie
		Brillante	Noueldo Oranza

Protokoll:

MATCHO

Geboren: 1978, Anglo-Araber

Lebens-Nr.: 040077178

Züchter: Madame Roger Martinez, Süd-Frankreich

Farbe: Rappe

Abzeichen: kl. St., l. Hfsl. w.

Hengstleistungsprüfung:
Mit der Rekord-Punktzahl von 139 Punkten wurde der Anglo-Araber im Jahr 1982 unter 39 Hengsten Sieger seines Jahrgangs. Stockmaß: 163

Ramzes

Keine Reitpferdezucht ohne sein Blut

Schon von jeher war das anglo-arabische Blutelement ein wichtiger Baustein zum leistungsfähigen Reitpferd. Der bedeutendste dieser Bausteine in der deutschen Warmblutzucht heißt Ramzes x. Ramzes x führte als Sohn des Leistungsvererbers Rittersporn xx und der Shagya x-3-Tochter Jordi die besten Linien des Gestüts Radautz in seinem Pedigree. Schon als Junghengst lobte man seine treue Springveranlagung. Oberst Fellgiebel, der ein sicheres Gespür für hochveranlagte Pferde besaß, suchte sich seinerzeit den Anglo-Araber für die schweren Jagden von Janow-Podlaski aus. Fellgiebel war Leiter des damals bedeutendsten Araber-Hauptgestütes in Polen. Seine Wahl fiel unter den 180 Hengsten des Gestütes gerade auf diesen Schimmel — und er wußte warum. Später hat dann Brinckmann den Hengst in Springprüfungen herausgebracht und bescheinigte ihm eine hohe Veranlagung. 1948 kam Ramzes x von Polen nach Deutschland. Baron Clemens von Nagel holte sich den Schimmel für sein Gestüt Vornholz — und das sollte Folgen haben. Ramzes x deckte zunächst zwei Jahre bei von Nagel in Westfalen, stieß aber auf wenig Resonanz, denn man hatte damals andere Sachen im Kopf, als ausgerechnet Reitpferde zu züchten. Da der Baron von jeher gute Beziehungen nach Holstein besaß, verpachtete er den Rittersporn xx-Sohn an den dortigen Pferdezuchtverband. Ramzes x wurde in Elb-Nähe auf der Station Neuendorf im Kreis Steinburg aufgestellt. Heute existiert diese Station nicht mehr. In Holstein erkannte man schon früh die Zeichen der Zeit. Es waren edle, blütige Hengste gesucht, die mit den tiefen, schweren Stuten aus der Marsch wohlproportionierte Pferde für den Reitgebrauch liefern sollten. Ramzes lieferte der Holsteiner Zucht eine Reihe überragender Springpferde und gründete eine eigene Hengstlinie. Vor allem über seinen Sohn Raimond hat diese Linie eine weite Verbreitung gefunden. Jüngstes Erfolgsprodukt dieses Zweiges ist der Ronald-Sohn Rocadero, der Körungs-Sieger von 1982. Noch größer war die Ramzes x-Bedeutung für Holstein durch die hochklassigen Zuchtstuten. Als Ramzes x nach seiner Holstein-Expedition wieder nach Westfalen kam, war er 23 Jahre alt und hatte sich schon einen großen Namen gemacht. Sechs Jahre stand er noch im Gestüt Vornholz, hat dann später aber nicht mehr gedeckt und starb 29-jährig. Heute gibt es in Deutschland keine Warmblutrasse, in der sein Blut nicht fließt. Diese Tatsache kann getrost als einmalig bezeichnet werden, denn außer Ramzes x hat es bisher keinen Araber gegeben, der dieses Kunststück fertigbrachte. Im bayerischen Staatsgestüt Schwaiganger ist der Ramzes x-Enkel Rasso einer der gefragtesten Beschäler. Im hessischen Landgestüt Dillenburg sind drei Radetzky-Söhne aufgestellt. In der hannoverschen Zucht wirkt der Ramzes x-Sohn Römischer Prinz als Privathengst. Er steht im bekannten Gestüt Neindorf bei Olympia-Reiter Klaus Wagner. In Oldenburg wurden 1982 zwei Ramiro-Söhne gekört. Und selbst in der Trakehner Zucht hat der Anglo-Araber Spuren hinterlassen — wenn auch nur schmale. Sein Sohn Condus, selbst bis zu den Dressurlektionen der Klasse S ausgebildet, wurde leider viel zu früh nach Kanada abgegeben.

Protokoll:

RAMZES

Geboren:	1937 in Polen
Gestorben:	1966
Gekört:	1948 in Ostenfelde
Farbe:	Schimmel
Abzeichen:	keine
Geschlecht:	Hengst
Stockmaß:	166 cm
Züchter:	Maria Gräfin Plater-Zyberk
Leistungen:	Gekörte Söhne: Condus, Radetzky, Raimond, Ramm, Rapid, Rasputin, Raubritter, Rhenus, Rigoletto, Roderich, Römischer Prinz, Roman. Töchter: 69 eingetragene Stuten. Staatsprämienstuten: 9. Hauptbuchstuten: 58. 1982 war noch ein Ramzes x-Nachkomme im Sport. Nachkommen-Gewinnsumme 1982: 297 000 DM. Ramzes x lieferte in Westfalen die bekannten Dressurpferde Remus und Mariano. In der Holsteiner Zucht lieferte er vorwiegend Springpferde, unter anderem Ramona und Romanus.

Rittersporn xx	St. Saulge	Le Sancy	Atlantic	Thormanby
				Hurricane
			Gem of Gems	Strathconan
				Poinsettia
		May Pole	Silvio	Blair Athol
				Silverhair
			Merry May	Knight of the Garter
				May Queen
	Molly Clarke	St. Angelo	Galopin	—
				—
			Agneta	—
				—
		Lady Peggy	Hermit	—
				—
			Belle Agnes	King Tom
				—
Jordi	Shagya X-3	Shagya X	Shagya VII	Shagya II
				El Bedavi
			Sheraky	Sheraky ox
				Tadmor
		Amurath	Amurath ox	Tajar
				Koheil III
			Shagya IV	Shagya IV
				Dahoman III
	Demeter	Bakszysz ox	Ilderim	—
				—
			Parada	Rymnik
				Krzywda
		Astarte	Amurath ox	Tajar
				Koheil III
			Dahoman XII	Dahoman XII
				Dahoman VIII

Madkour I Foto: Irina Filsinger

Nijamin Foto: Irina Filsinger

Vollblut-Araber

Hengste

Malik Foto: B. Kamppeter

Jamil

Anchor Hill Halim

Foto: Irina Filsinger

Arabiens Wüsten im Blut

Bei Carl Raswan steht schon 1912 in einer Niederschrift nach einer Reise durch die syrische Wüste: »Das arabische Pferd ist ein Trinker der Lüfte«, ein ausdauerndes und intelligentes Tier, das bereit ist, alles zu erobern und die größten Entfernungen zu schaffen«.
Was damals richtig war, gilt für Petra Horsch auch heutzutage noch. 1985, elf Jahre nach seiner Gründung, veranstaltete der Asil Club seine erste Zuchtschau. Die Idee des Clubs: Mitglieder aus 22 Nationen bekennen sich zur Tradition der Beduinen und ihrem Zuchtideal. Sie wollen durch eine reine, »asile« Blutführung das Leistungsvermögen und den grundehrlichen Charakter ihrer Pferde bewahren. Diesen Gedanken hatte auch Petra Horsch, als sie mit dem hoch-

edlen Schimmelhengst Anchor Hill Halim die Distanz von 500 Kilometern von ihrem Gestüt in Hellmannsberg bei Ingolstadt nach Dillenburg im Hessischen zur Zuchtschau des »Asil Cubs International« zurücklegte.
Die oberbayerische Züchterin Petra Horsch wollte damit einen besonderen Beitrag zu dieser Veranstaltung leisten und beweisen, zu welchen außerordentlichen Leistungen das arabische Pferd trotz reiner Vorzeigemanier fähig ist. Die 500 Kilometer lange Strecke legte sie auf dem Zuchthengst Anchor Hill Halim ohne größere Schwierigkeiten in acht Tagen zurück. Dieser Erfolg war der guten Kondition und der Langstreckenerfahrung des Hengstes zuzurechnen.

Eine weitere großartige Leistung macht die Qualität dieses originalen Vollblutaraberhengstes noch deutlicher. Nach nur zwei Tagen Pause nach diesem Gewaltritt belegte Anchor Hill Halim im Rahmen der Asil-Araber-Schau beim 60 Kilometer-Distanz-Ritt den dritten Platz. Pech hatte Petra Horsch allerdings ein Jahr darauf, als sie die gleiche Strecke von Hellmannsberg nach Dillenburg mit ihrem Schmuckstück Halim reiten wollte. Der Schimmelhengst trat in ein Loch und verletzte sich so sehr, daß er ins heimische Gestüt zurückgebracht werden mußte. Für ihn war so die »Asil Cup International 1986« vorzeitig beendet.

Hadbah	Fabah	Fadl	Ibn Rabdan	Rabdan Bint Gameela III
			Mahroussa	Mabrouk Negma
		Bint Bint Sabbah	Bayyad	Mabrouk Bint Gameela III
			Bint Sabbah	Kazmeen Sabbah II
	Fa Deene	Fadl	Ibn Rabdan	Rabdan Bint Gameela III
			Mahroussa	Mabrouk Negma
		Bint Serra I	Sotam	Astraled Selma II
			Serra	Sahab Jemla
Silima	Ansata Ibn	Nazeer	Mansour	Gamil Manial Nafaa El Saghira
			Bint Samiha	Kazmeen Samiha
		Halima	Sheikh El Arab	Mansour Bint Sabbah
			Ragia	Ibn Rabdan Farida
	Asal Sirabba	Sirecho	Nasr	Rabdan Bint Yamama
			Exochorda	Aiglon Leila
		Habba	Fadl	Ibn Rabdan Mahroussa
			Bint Bint Sabbah	Bayyad Bint Sabbah

Manal, geb. 1974, Sohn des Anchor Hill Halim a.d. Malikah. Z. u. B.: Familie Dr. Filsinger, Gestüt Roter Busch. Bester

Aber nicht nur als ausdauerndes und genügsames Reitpferd macht Anchor Hill Halim auf sich aufmerksam. Der Hengst hat hervorragende Vererbereigenschaften. Als Asil-Araber gilt er darüber hinaus als ausgezeichneter Typveredler.

Deshalb erhielt der Hengst auch züchterisch gute Möglichkeiten zu beweisen, was in ihm steckt. Die sehr gute Nachzucht von Anchor Hill Halim zeichnet ihn aus. Aus der Kreuzung mit der Mofeedah ging der Junghengst Moshalla hervor, ebenso als Vollschwester von Moshalla das Stutfohlen Mashena. Aus der El Kantara, einer Kaisoon-Tochter stammt Anchor Hill Halims Sohn Amun el Kantar, der eine starke Typausstrahlung mit Harmonie und Schönheit sowie eleganten, flüssigen Bewegungsablauf von seinem Vater geerbt hat. Der Halim-Sohn wurde 1981 in Kranichstein Spitzenhengst bei den Vollblutarabern. Erwähnenswert auch sein Sohn Manal aus der Malikah: Reservesieger und Jahrgangsbester in Kranichstein 1977, bester Araber im Leistungstest in der Hengstleistungsprüfung 1979 in Marbach.

Anchor Hill Halim vererbte das Blut seines arabischen Vaters Hadbah, und seiner arabischen Mutter Silima, die ihn 1970 zur Welt gebracht

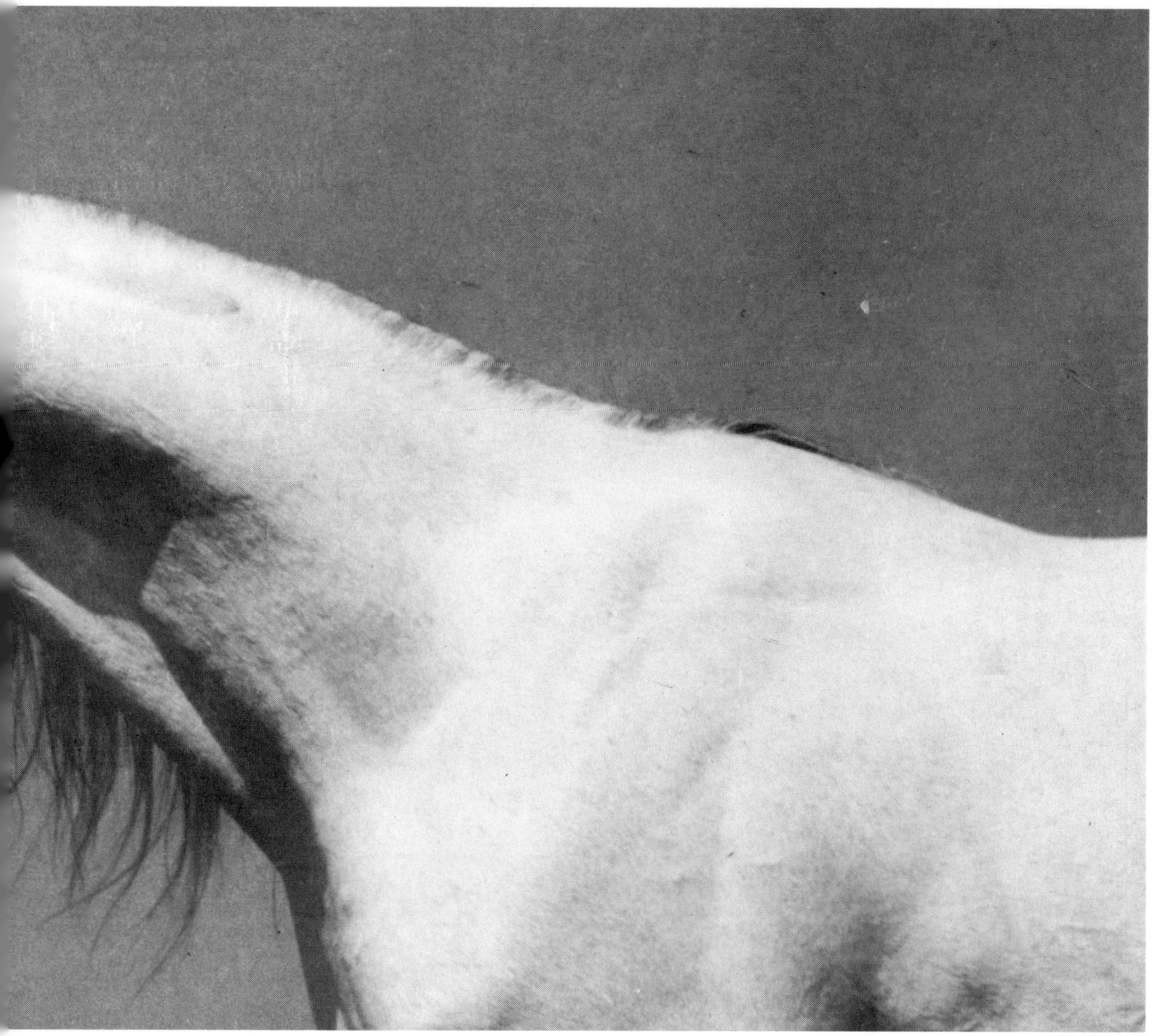

dreijähriger und Gesamt-Reserve-Champion Körung 1977. Bester im Tagestest HLP Marbach 1979. Foto: Irina Filsinger

hat. Gekört wurde Halim 1972. Drei Jahre später war er Trainingsbester und Reservesieger der Hengstleistungsprüfung in Medingen, und 1979 wurde er Reservesieger der Internationalen Springprüfung im Stilspringen in Aachen.
Anchor Hill Halim ist 1987 leider im Alter von 17 Jahren eingegangen.

Leistungen: Trainingsbester und Reservesieger in der Hengstleistungsprüfung in Medingen 1975. Reservesieger der Internationalen Springprüfung im Stilspringen, Aachen 1979.
Sieger im Geländeritt (Kleine Military). Distanz 2400 Meter in Münchmünster 1980.
Reservesieger im Distanzritt im Vilstal 1980.

Protokoll:

ANCHOR HILL HALIM

Geboren:	28.5.1970
Gekört:	23.10.1972
Farbe:	Schimmel
Geschlecht:	Hengst
Stockmaß:	151 cm
Züchter:	Dr. T. E. Atkinson, Springfield/USA
Besitzer:	Petra Horsch, Vollblutarabergestüt Horsch, 8073 Hellmannsberg, Tel. (0 84 56) 72 21
Abzeichen:	Flf. Flecke inn. Schenkel u. Hoden

El Shaklan

Von edelstem Geblüte

Was kommt dabei heraus, wenn man eine Vollblutaraberstute der spanischen Linie mit einem ägyptischen Vollblutaraberhengst kreuzt? Ein hochedler Hengst mit hervorragenden Vererbereigenschaften: El Shaklan. Seine Mutter, die Vollblutaraberstute aus dem spanischen Geblüt heißt Estopa. Sein Vater aus dem ägyptischen Gestüt El Zahraa heißt Shaker el Masri. Diese Namen sprechen schon für sich. El Shaklan hat also beste Referenzen vorzuweisen. Die Verbindung zwischen Estopa und Shaker el Masri nennt das Züchterehepaar Merz vom Gestüt Om el Arab, im Schwarzwald gelegen, kurz und prägnant »Golden Cross«.
Der »Golden Cross«-Sprößling El Shaklan wurde zum durchschlagenden Zuchterfolg. 1975 geboren, gewann El Shaklan als Zwei- und Dreijähriger internationale Championate und Reservechampionate in Deutschland, Belgien, Frankreich und England. Bis 1978 wurde er an das englische Züchterehepaar Maxwell ausgeliehen. In dieser Zeit zeugte El Shaklan in England 21 Fohlen, die schon in jungen Jahren seinen Ruf als bedeutenden Vererber über die Grenzen seines Heimatgestüts Om el Arab begründeten.
Die bekanntesten Namen seiner Nachzucht, die er während des Inselaufenthaltes von 1975 bis 1978 in die Welt setzte: Maleik el Kheil, ein Urenkel der Kazra, dessen Stern am Zuchthimmel bald hell leuchtete. Der El Shaklan-Sohn gewann bereits als einjähriger Hengst in Ascot das männliche Junior- und Gesamtchampionat und

wurde im gleichen Jahr in Paris männlicher Jugendweltmeister.
1978 kam El Shaklan zurück in die Bundesrepublik ins heimatliche Gestüt Om el Arab, weil sein Vater Shaker el Masri plötzlich und unerwartet durch einen Unglücksfall starb. Noch in diesem Jahr wurde dieser bemerkenswerte Hengst bei der Kranichsteiner Hengstkörung Siegerhengst.
Inzwischen hat El Shaklan noch zahlreiche andere Meisterschaften und Championate auf sein Konto buchen können. Seine Besitzer Heinz-Rüdiger und Sigrid Merz sind zu Recht stolz auf dieses außergewöhnliche Pferd. El Shaklan machte Zuchtgeschichte auf drei Kontinenten. Der Züchter spielt damit auf die Karriere von El Shaklan in den USA und in jüngster Zeit auch in Südamerika an. So gewann er im Juli 1987 die National Championships in Brasilien.

Protokoll:

EL SHAKLAN

Geboren:	10.8.1975
Gekört:	14.10.1978
Farbe:	Schimmel
Abzeichen:	breite, auf Nasenrücken schmaler werdende, an linke Nüster reichende Blesse, unter rechter Nüster und auf linker Unterlippe weißer Fleck.
Geschlecht:	Hengst
Stockmaß:	159,5 cm
Züchter:	Heinz Rüdiger und Sigrid Merz, Gestüt Om el Arab, 7233 Lauterbach, Tel. (0 74 22) 46 80
Besitzer:	Züchter
Leistungen:	Beste Nachzucht

Shaker el Masri	Morafic	Nazeer	Mansour	Gamil Manial
				Nafaa El Saghira
			Bint Samiha	Kazmeen
				Samiha
		Mabrouka	Sid Abouhom	El Dere
				Layla
			Moniet El Nefous	Shahloul
				Wanisa
	Zebeda	El Sareei	Shahloul	Ibn Rabdan
				Bint Radia
			Zareefa	Kazmeen
				Durra
		Galila	Sid Abouhom	El Dere
				Layla
			Rouda	Sheikh El Arab
				Fasiha
Estopa	Tabal	Congo	Ilustre	Scanderich
				Divina
			Triana	Ursus
				Facina
		Hilandera	Gandhy	Ursus
				Gomara
			Abisinia	Abd-Er-Rahman
				Uganda
	Uyaima	Barquillo	Eco	Scanderich
				Varsovia
			Rabina	Bagdad
				Divina
		Imelina	Gandhy	Ursus
				Gomara
			Verana	aus dem Vollblutarabergestüt des Herzogs von Veragua

Lathim El Shaklan, geb. 1983, von El Shaklan a.d. Lydia. Z.: Om el Arab. B.: Ehepaar Riedesel, Schweiz, ist anerkannter Deckhengst, zugelassen für die BRD und die Schweiz. Foto: Irina Filsinger

Reine de Saba, geb. 1980, von El Shaklan a.d. Mishitta, wurde 1984 und 1985 Welt-Reserve-Champion der Stuten. Besitzer: Gérard Wissler, Frankreich. Foto: Irina Filsinger

Reine de Saba

Fotos: Irina Filsinger

Farag

Foto: Foto-Escher

Aus der Wüste über Ungarn nach Hessen

Ob die Namensgleichheit mit dem Heiligen St. Georg, dem Schutzheiligen der Ritter und Reiter, etwas mit der Pferdevernarrtheit von Georg Olms, nach dem Motto »Nomen est Omen« zu tun hat? Schon als zwölfjähriger Junge saß Georg fast täglich auf den Rücken von Trakehnern, Hannoveranern und anderen Warmblütern im Hildesheimer Reitstall. Hier begann wohl auch die fast leidenschaftliche Liebe zum arabischen Pferd.

Zweimal in der Woche saß der junge Georg Olms nämlich auch auf einem Araber-Wallach, der ihm den Unterschied zu den anderen Reitpferden deutlich machte. Das arabische Blut hatte es ihm angetan. Heute ist Georg W. Olms Araberzüchter und Vorsitzender des Asil-Clubs. Die Mitglieder dieses Clubs verwenden für ihre Zucht nur Pferde, bei denen der Nachweis der Abstammung aus Beduinenzucht vollständig gesichert ist.

Bei dem Schimmelhengst Farag, den Georg Olms 1973 auf der Essener Equitana erwarb, ist die original-arabische Herkunft gesichert. Farags Stammbaum: Väterlicherseits stammt er von dem Nazeer-Sohn Morafic ab, und seine Mutter ist die Kateefa-Tochter Bint Kateefa. Bei dieser

Protokoll:

FARAG

Geboren:	29.3.1962
Gekört:	1965
Farbe:	Schimmel
Abzeichen:	schm. Bl. i. Schn. m. Forellenflg. auslfd., Obl. unregelm. w., l. Vorderh. dkl. 3 helle Hufe.
Geschlecht:	Hengst
Stockmaß:	155 cm
Züchter:	Gestüt El Zahraa, Ägypten
Besitzer:	Hamasa Gestüt, Georg Olms, Am Streitkopf, 6301 Treis, Tel. (0 64 06) 58 55
Leistungen:	Beste Nachzucht

		Mansour	Gamil Manial	Saklawi II Dalal
	Nazeer		Nafaa El Saghira	Meanagi Sebili Nafaa El Kebera
		Bint Samiha	Kazmeen	Sotam Kasima
Morafic			Samiha	Samhan Bint Hadba El Saghira
		Sid Abouhom	El Dere	aus dem königl. Gestüt Khassa
	Mabrouka		Layla	Ibn Rabdan Bint Sabah
		Moniet El Nefous	Shahloul	Ibn Rabdan Bint Radia
			Wanisa	Sheikh El Arab Medallela
		El Dere	aus dem königl.	
	Sid Abouhom		Gestüt Khassa	
		Layla	Ibn Rabdan	Rabdan Bint Gamila
Bint Kateefa			Bint Sabah	Kazmeen Sabah
		Shahloul	Ibn Rabdan	Rabdan Bint Gamila
	Kateefa		Bint Radia	Mabrouk Manial Radia
		Bint Rissala	Ibn Yashmak	Feisul Yashmak
			Rissala	Mesaoud Radaa

einwandfreien Herkunft des 1962 geborenen Hengstes wollte die Gestütsleitung des ungarischen Gestüts Babolna, wo Farag seit 1969 Spitzenbeschäler war, einen sehr hohen Preis haben. Durch geschicktes Verhandeln konnte Olms den Preis damals um 40 000 Mark drücken. Was auch immer Georg Olms letztendlich für Farag bezahlen mußte, der Handel hat sich für sein Gestüt Hamasa (was soviel heißt wie Tapferkeit) in Treis gelohnt.

Neben dem selbst gezogenen Tufail — einem Kaisoon-Sohn — ist Farag Deckhengst für alle zehn Mutterstuten in Treis. Die sind wie Farag auch asil, haben also echtes »Wüstenblut« in den

Adern. Das ergibt natürlich eine hervorragende Nachzucht. Weibliche Nachkommen von Farag sind die Schimmelstuten Hamasa Bint Faziza oder Hamasa Farida. Bei den Hengsten haben beispielsweise Hamasa Messaoud, Hamasa Zaydan, Hamasa Tarb, Hamasa Duran oder der bekannte Nabil Ibn Nazeefa aus der Nazeefa, die Gene ihres Vaters im Blut. Der inzwischen 25 Jahre alte Hengst Farag von Morafic stellt in beispielhafter Weise die Verbindung zwischen den Veredlern und Erhaltern innerhalb der reinägyptisch gezogenen Vollblutarabern dar.

Farag ist ein extremer Saklawi-Typ mit einem sehr trockenen, edlen Kopf. Der Hals ist mittellang, an ihn schließt sich ein langer Widerrist an.

Farag hat eine lange gute Kruppe und kräftige Gelenke. Von Kopf bis Huf ein sehr trockener Typ. Farag ist das Bild des harten, drahtigen Hengstes.

Farag im Alter von 24 Jahren. Foto: Irina Filsinger

Oben und unten:
Hamasa Bint Nafteta, geb. 1983, von Farag a.d. Nafteta, errang den 1. Platz Kl. 5 beim Asil Cup 1985 Junior Champion Stuten. Z. u. B.: Hamasa Araber Gestüt, W.G. Olms, Treis. Fotos: Irina Filsinger

Hamasa Tarb, geb. 1976, von Farag a.d. Wafaa. Z.: Hamasa Araber Gestüt, W.G. Olms. B.: U. Brackmann.

Gharib

Der pechschwarze Bewegungskünstler aus Marbach

Auf der Schwäbischen Alb, im Landkreis Reutlingen, hat die Arabervollblutzucht eine sehr lange Tradition. Seit über 400 Jahren besteht das Haupt- und Landgestüt Marbach. Als einer der Begründer der Vollblutaraberzucht nach dem Zweiten Weltkrieg kam Hadban Enzahi, ein Sohn des weltberühmten Hengstes Nazeer, 1955 aus dem Staatsgestüt El Zahraa in Ägypten in die Bundesrepublik. Es war eine gute Wahl: Hadban Enzahi setzte starke Akzente in Marbach. Ein neuer Zuchtabschnitt mit sich von Jahr zu Jahr steigernden Erfolgen hatte begonnen.

Doch irgendwann wird auch der erfolgreichste Hengst einmal alt und müde. Rechtzeitig besann man sich in Marbach darauf und stellte Ende der sechziger Jahre Überlegungen zum Kauf eines Nachfolgers für Hadban Enzahi als Hauptbeschäler des Gestüts an.

Landoberstallmeister Dr. Wenzler fuhr aus diesem Grund 1970 wiederum nach Ägypten, nachdem er im dortigen Staatsgestüt Zahraa schon mit Hadban Enzahi 1955 einen vollen Erfolg gelandet hatte. Dr. Wenzler entschied sich schließlich für den fünfjährigen Rapphengst Gharib. Gharib ist ein Sohn von Anter aus der

Souhair. Er ist ein edler Vollblutaraberhengst, der sich neben gutem Typ, Härte und Leistungsbereitschaft insbesondere durch außerordentlich schwungvolle, energische Bewegungen auszeichnet. Gharib stammt im Gegensatz zu Hadban Enzahi nicht von Nazeer ab. Nicht zuletzt diesem Umstand ist es zu verdanken, daß mit Gharib eine etwas andere Zuchtlinie und auch etwas Farbe — er ist bis auf eine kleine weiße Blesse ein Pechschwarzer — in die Marbacher Schimmelherde gekommen ist.
Bis 1981 hat Gharib bei den Marbacher Vollblutarabern vier Deckhengste und drei Mutterstuten gebracht. Zwei weitere Mutterstuten sind

Protokoll:

GHARIB Or. Ar.

Geboren:	1.4.1965
Gekört:	1970
Farbe:	Rappe
Abzeichen:	Blesse
Geschlecht:	Hengst
Stockmaß:	156 cm
Züchter :	Staatsgestüt El Zahraa, Ägypten
Besitzer:	Haupt- und Landgestüt Marbach, 7423 Gomadingen-Marbach, Tel. (0 73 85) 10 31
Leistungen:	Hauptbeschäler im Gestüt Marbach

Anter	Hamdan	Ibn Rabdan	Rabdan	Dahman Rabda
			Bint Gamila	Ibn Nadra Gamila
		Bint Radia	Mabrouk Manial	Saklawi II Tarfa
			Radia	Feisul Gazala el Beida
	Obeya	Mekdam	Rustem	Astraled Ridaa
			Bint Bint Dalal	Ibn Rabdan Bint Dalal
		Abla	El Zafer	Awad Bint Dalal
			Bint Zareefa	Hadban Zareefa
Souhair	Sid Abouhom	El Deree	importierter Beduinenhengst, Geschenk vom kgl. Gestüt Ynshass	
		Layla	Ibn Rabdan	Rabdan Bint Gamila
			Bint Sabah	Kazmeen Sabah
	Salwa	Ibn Rabdan	Rabdan	Dahman Rabda
			Bint Gamila	Ibn Nadra Gamila
		Bint Rustem	Rustem	Astrled Ridaa
			Bint Hadba el Saghira	El Halabi Hadba

bis 1985 dazugekommen. Eine stolze Leistung für den inzwischen 22 Jahre alten Vollblutaraberhengst. Seine harte Konstitution und seine auch im hohen Alter ungebrochene Vitalität sind schon fast sprichwörtlich.
Nachkommen von Gharib stehen in aller Welt und haben in Deutschland, aber auch in ganz Europa und in den USA und Kanada zahlreiche bedeutende Schauerfolge vorzuweisen. Ein Beispiel für die hervorragende Nachzucht von Gharib: Auf der Zuchtschau in Leipheim-Riedheim gewann die Gharib-Tochter Kareemah aus der Kaishana in der stark vertretenen Klasse der drei-bis fünfjährigen Stuten und wurde auch be-

ste Stute der Schau. Die Gharib-Tochter hat viel von ihrem berühmten Marbacher Vater: Sie steht im herrlichen Typ der ägyptischen Blutlinie und ist wie Gharib, korrekt, hart und in allen Teilen harmonisch. Auf der gleichen Veranstaltung kam ein weiterer Gharib-Sprößling auf die vorderen Ränge: Der imponierende Gabor II holte in seiner Klasse den dritten Platz.

Aber Gharib ist nicht nur in der Vollblutaraberzucht sehr erfolgreich eingesetzt worden. Er hat sich darüber hinaus auch im Warmblut glänzend vererbt und ist auch für die Trakehnerzucht anerkannt, wo er den guten Landbeschäler Agent (Marbach) geliefert hat.

Kareemah, geb. 1981, von Gharib a.d. Kaishana, errang in Leipheim 1985 in der Klasse 3- bis 5jährige Stuten den 1. Platz und das Championat. Z. u. B.: Fam. Josef Steiner, Augsburg. Foto: Irina Filsinger

Nijamin, geb. 1979, von Gharib a.d. Nedjari. Z.: Haupt und Landgestüt Marbach. B.: Tanja Klier-Maholick, Groß-Gerau.

Fotos: Irina Filsinger

Ghazal

Unvergeßlicher Mitbegründer der deutschen Araber-Pferdezucht

Die bekannte Pferdekennerin und Buchautorin Erika Schiele beschreibt ihre erste Begegnung mit dem Araberhengst Ghazal so: »Araber in Deutschland? Heute für jedermann ein Begriff. Aber damals! Natürlich hatte ich schon davon gehört, aber ich verband keine rechte Vorstellung damit. So erkundigte ich mich bei unserem Tierarzt, der weit und breit als Pferdespezialist gilt. »Araber?«, winkte er verächtlich ab. »Sie haben doch wunderschöne Reitpferde. Was wollen Sie mit den kleinen Katzen? Die haben keinen Schritt und keinen Trab, nur Galopp. Lassen Sie die Finger davon!« Das war nicht gerade ermutigend, aber meine Neugier war stärker. An einem goldenen Septembertag fuhr ich nach Ostfriesland. Vor dem Wasserschloß des Fürsten von Inn- und Knyphausen, das in dem zarten Rot norddeutscher Klinker gegen den strahlend blauen Himmel leuchtete, endete die Reise. Eine große Menschenmenge war bereits auf den gepflegten Kieswegen des Schlosses versammelt, Pferde wurden vorgeführt und sachkundig begutachtet. Da erschien plötzlich Ghazal, der silberne Hengst aus Ägypten. Anmutig tänzelnd sprang er graziös daher, sein schneeweißes Fell blinkte metallisch in der Sonne. Mähne und Schweif schienen aus weicher, wehender Seide. Dann stand er still. Der feurige Blick aus den

großen nachtschwarzen Augen traf mich wie ein Blitz und ließ mich still und andächtig werden. Ich war einem Wesen von fast überirdischer Schönheit begegnet: einem edlen arabischen Pferd.« Ähnlich wie Erika Schiele erging es auch dem damals jungen Züchter Carl-Heinz Dömken, als er Ghazal zum ersten Mal auf dem Gestüt Lütetsburg des Fürsten zu Inn- und Knyphausen sah. Für Dömken war Ghazal das Märchenpferd aus seiner Kinderzeit, das ihn mit großen Gazellenaugen anschaute. Ein zum Leben erwachter, aber für den jungen Dömken damals noch unerreichbarer Traum. Jahre später sollte er ihn sich erfüllen können.
Den 1953 geborenen Ghazal kaufte der Fürst zu Knyphausen als zweijährigen Schimmelhengst direkt im ägyptischen Staatsgestüt El Zahraa. Ghazal ist ein Sohn des weltbekannten Nazeer und der Bukra, eine Stute von höchster Reinheit und von größtem Adel. Zusammen mit dem Schimmelhengst Hadban Enzahi, den Landoberstallmeister Dr. Wenzler ebenfalls direkt aus

Protokoll:

GHAZAL Or. Ar.

Geboren:	11.8.1953/eingegangen 30.5.1972
Gekört:	1955
Farbe:	Schimmel
Abzeichen:	in der linken Nüster und auf der Oberlippe auslaufende Schn., Utl-rand w., rechts dunkle Hufe, vorn links gestr. Huf, hinten links heller Huf.
Geschlecht:	Hengst
Stockmaß:	152 cm
Züchter:	Gestüt El Zahraa, Ägypten
Besitzer:	Gestüt Hof Borstel, Carl-Heinz und Constanze Dömken, 2817 Dörverden, Tel. (0 42 39) 361
Leistungen:	Einer der bedeutendsten Vererber. Mitbegründer der Araberzucht in Deutschland.

Nazeer	Mansour	Gamil Manial	Saklawi II	Saklawi I El Dahma
			Dalal	Rabdan Om Dlal
		Nafaa el Saghira	Meanagie Sebili	— —
			Nafaa el Kebera	Rabdan Donia
	Bint Samiha	Kazmeen	Sotamm	Astraled Selma
			Kasima	Narkise Kasida
		Samiha	Samhan	Rabdan Om Dalal
			Bint Hadba el Saghira	El Halabi Hadba
Bukra	Shahloul	Ibn Rabdan	Rabdan	Dahman Rabda
			Bint Gamila	Ibn Nadra Gamila
		Bint Radia	Mabrouk Manial	Saklawi II Tarfa
			Radia	Feysul Ghazala el Beida
	Bint Sabah	Kazmeen	Sotamm	Astraled Selma
			Kasima	Narkise Kasida
		Sabah	Mabrouk Manial	Saklawi II Tarfa
			Bint Obeya	Obeya

El Zahraa nach Deutschland holte und dem Hengst Kaisoon, der später als Geschenk des Staatspräsidenten Nasser an den Duisburger Zoo ging, ist Ghazal der bedeutendste Vererber der deutschen Vollblutaraberzucht. Der Wert des ägyptischen Blutes wurde manchem deutschen Züchter durch Ghazal erst richtig bewußt. Seine Nachkommen hatten erstklassige Reiteigenschaften, eine hervorragende Haltung und einen außergewöhnlich guten Bewegungsablauf.

1967 ging der Herzenswunsch von Carl-Heinz Dömken in Erfüllung: Weil der Fürst zu Inn- und Knyphausen sein Gestüt aufgab, konnte Dömken sein Traumpferd Ghazal kaufen. Fünf Jahre lang erlebte er nun mit Ghazal seine schönste und erfolgreichste Züchterzeit. 1972 verunglückte der 19jährige Ghazal tödlich. Der Schriftsteller und Maler Dömken hat diesem Hengst mit dem Buch »Ghazal — Fürst der Pferde«, Ahnert-Verlag ein Denkmal gesetzt.

Saher, geb. 1967, von Ghazal a.d. Sahmet, trat 20jährig im Jahr 1987 ab. Eindrucksvoll verkörperte er das Erbe seines Vaters. Z. u. B.: Haupt- und Landgestüt Marbach. Foto: Irina Filsinger

Ibn Ghazal, geb. 1970, von Ghazal a.d. Innazzah. Z.: R. Ismer, Ströhen. B.: J. u. W. Kittel. Foto: Irina Filsinger

Saher Foto: Irina Filsinger

Ghazal — wie aus dem Märchenbuch.

Foto: Karin Bauer

Gromet

Der Enkel eines Jahrhundert-Hengstes

Am Rande eines kleinen Dorfes im Herzen Schleswig-Holsteins, inmitten idyllischer Wald- und Wiesenlandschaft, rund eine Autostunde von Hamburg entfernt, haben Karl-Heinz und Karla Müller-Sieck Anfang der achtziger Jahre ein kleines Vollblutaraber-Gestüt gegründet. Beide sind passionierte Pferdehalter und Reiter, ehemals Besitzer von Warmblutpferden und hatten sich schon lange vorher mit dem Bazillus »Arabitis« infiziert.

Fasziniert von der Schönheit, dem Adel und der Ausstrahlung dieser Pferde, beeindruckt von ihrer Intelligenz, Leistungsbereitschaft und ihrem menschenbezogenen Wesen, war es für das Ehepaar nur eine Frage des Zeitpunktes, die mächtigen Holsteiner durch die edlen Vollblutaraber zu ersetzen.

Nachdem sich ein vor Jahren erworbener Vollblutaraber zum idealen Partner für alternative Reitweisen entwickelte, wurden kurzerhand alle anderen Pferde abgeschafft. Das Züchterehepaar Müller-Sieck hatte genug von der Schulreiterei und durch den Verkauf der anderen Pferde wurden Platz und finanzielle Mittel für weitere Vollblutaraber geschaffen.

Nach dem Besuch zahlreicher Araberschauen und -Zuchtstätten sowie dem intensiven Studium von Fachliteratur, stand der Entschluß fest: Es sollte eine kleine Vollblutaraberzucht aufgebaut werden, nach dem Motto »Qualität geht vor Quantität« und mit dem klar umrissenen Ziel, Vollblutaraber für den Reitpferdegebrauch zu züchten und nicht als »Luxusrasenmäher« für den heimischen Vorgarten.

Nach der erstklassigen Stute Vanessa fehlte noch ein Spitzenbeschäler auf dem neugegründeten Gestütshof Moholz. 1986 gelang Heinz Sieck der große Wurf: Nach jahrelangen, zähen Verhandlungen konnte er den englisch-polnischen Hengst Gromet erwerben. Gromet ist 1971 geboren und ein Sohn des Grojec aus der Lilac Time. Grojec wiederum ist der Sohn des legendären Araberhengstes Comet. Gromet war bereits Bundessiegerhengst in Verden und ist als vielfach prämierter Spitzenhengst, der sehr gute Vererbereigenschaften hat, bekannt. Durch die polnische Blutlinie zu seinem Großvater Comet, bilden sich bei den Nachkommen gute Reitpferdequalitäten heraus. Zur Nachzucht von Gromet zählen zahlreiche international erfolgreiche Siegerstuten, wie Rasmira und Rikada und etliche gekörte Söhne. Aus Anpaarungen des Hengstes Gromet mit den Stammstuten des Ehepaa-

Protokoll:

GROMET

Geboren:	18.5.1971
Gekört:	1973
Farbe:	Fuchs
Abzeichen:	über die rechte in die linke Nüster reichende durchgehende Blesse, Unterlippe rechts weiß, rechter Vorderfuß und beide Hinterfüße unregelmäßig weiß.
Geschlecht:	Hengst
Stockmaß:	156 cm
Züchter:	Mrs. E. Soanes, Black Hill Stud, Sussex, GB
Besitzer :	Karla Müller, Gestüt Moholz, Pfennigkrug 8, 2211 Beringstedt, Tel. (0 48 74) 890
Leistungen:	Bundessiegerhengst in Verden.

Zahlreiche Prämien im In- und Ausland.

Grojec	Comet	Abu Afas	Bad Afas	Kuhailan Afas
				Bad
			Gahdar	Wielki Szlem
				Gadila
		Carmen	Trypolis	Enwer Bey
				Kahira
			Wilga	Ofir
				Jaskolka II
	Gastronomia	Marabut	Miecznik	Fetysz
				Koalicja
			Maja	Nemer
				Mabrucha
		Ofirka	Ofir	Kuhailan Haifi db
				Dziwa
			Fryga II	Bakszysz
				Gazella II
Lilac Time	Myrex	Alexus	Irex	Naseem
				Rissla
			Aletta	Manasseh
				Algoletta
		Myoletta	Manasseh	Joseph
				Aatika
			Myola	Algol
				Rythma
	Lilac Domino	Blue Domino	Rissalix	Faris
				Rissla
			Niseyra	Rissam
				Neraida
		Rithyana	Raktha	Naseem
				Razina
			Rishyana	Rissam
				Rishna

res Müller sind schon zahlreiche qualitätsvolle Fohlen hervorgegangen, die den Ruf des Gestüts Moholz als zwar kleine, aber doch sehr feine Zuchtstätte nach außen hin demonstrieren. Die altbewährte, traditionsreiche englisch-polnische Blutlinienkombination wird auch weiterhin auf dem Gestüt des Ehepaares Müller-Sieck beibehalten.

Man darf gespannt sein, was der im Alter von 16 Jahren stehende Spitzenhengst Gromet in Zukunft noch an Zuchtleistungen bringen wird. Doch nicht nur Zuchtleistung wird auf dem Gestüt Moholz großgeschrieben, sondern auch Reitleistung. Alle Pferde werden regelmäßig geritten. Mittlerweile haben sich die Züchter sogar für die Ausbildung und das Training der Pferde eine komplette Reitanlage am Rande eines großen Waldgebietes gepachtet. Hier tummeln sich unter fachkundiger Anleitung zahlreiche Ferienkinder. So tragen die Eheleute Müller dazu bei, daß das arabische Pferd immer mehr Menschen Freude macht: Klar, daß die Kinder zu Hause mit leuchtenden Augen vom wundervollen Hengst Gromet erzählen.

Rasmira v. Gromet a.d. Golda war 1977 Champion-Stutfohlen der Araberschau, Dillenburg. Z. u. B.: Hans Vorderbrügge

Rikada v. Gromet a.d. Halo's Miracle. Z. u. B.: Hans Vorderbrügge.

Hadban Enzahi

Der Wüstensohn auf der rauhen Alb

Das 1817 bei Stuttgart vom König von Württemberg gegründete Gestüt Weil pflegte vorrangig die Vollblutaraberzucht mit der Anpaarung von original-arabischen Pferden. Legendäre Hengstnamen sind Bairactar (1817 bis 1838), sein Sohn Amurath-1829, der auf Bairactar-Abstammung verankerte Amurath-Weil-1881 und der Original-Araber Jasir (1930 bis 1947), der bei der Übernahme durch das Haupt- und Landgestüt Marbach an der Lauter die Weiler Stutenherde begleitete. Jasir hinterließ 39 Fohlen — fünf davon noch in Weil geboren — zwanzig Hengste und neunzehn Stuten. Marbach stellte zehn Stuten und einen Deckhengst — Jason — ein. Nach Jasirs Tod züchtete Marbach mit polnisch gezüchteten Vollblutaraberhengsten, mit

Wind (Wyrwidab) und Halef (Towarzysz-Pancerny). Erst mit Hadban Enzahi v. Nazeer/ Kamla aus dem Ägyptischen Staatsgestüt El Zahraa wurde die Weiler Zuchtlinie fortgesetzt. 1955 kaufte der Marbacher Landstallmeister Dr. Wenzler den am 15. August 1952 geborenen »Kamel« (Der Erhabene) für das Staatsgestüt, ägyptische Stutbuchnummer 97. Weil ein Staatshengst, so meinte man in Württemberg, nicht Kamel heißen könnte, wurde der Hengst auf den Namen seiner arabischen Stammfamilie umgetauft: in Hadban Enzahi. Hadban Enzahi vererbte seinen Söhnen und Töchtern Schönheit, Härte und Energie und übertraf sich selbst bisweilen in Ausdruck, Gang und Harmonie. Auf der Schwäbischen — auch oft »Rauhe« — Alb genannt — wurde Hadban Enzahi zum Besucherstar des Gestüts. An die drei Millionen Gäste bewunderten ihn, und mit diesem ägyptischen Nazeer-Sohn gewann Marbach die alte

Protokoll:

HADBAN ENZAHI ox

Geboren:	1952 in Ägypten
Lebens-Nr.:	080000952
Farbe:	Schimmel
Geschlecht:	Hengst
Züchter:	The Egyptian Agricultural Society, Gestüt Kafr Farouk Ein Shams

Berühmte Nachkommen:

Gekörte Söhne: Dahook, Dail, Didban, Diyaa, Donkey, Habashi, Haddschi Murrad, Halaf, Hamasa Ibn, Hadban Hazim el Arab, Hegab el Arab, Kema, Kemir, Madkour I, Mahomed, Mali, Malik, Mameluck, Mustafa, Nabil, Sabri, Sadat, Saki, Sekrit, Sharaf, Simbel, Sindbad und weitere gekörte Söhne.
Töchter: 70 eingetragene Stuten

Nazeer	**Mansour**	**Gamil Manial**	**Saklawi II**
			Dalal
		Nafaa el Saghira	—
			—
	Bint Samiha	**Kazmeen**	**Sotam**
			Kasima
		Samiha	**Samhan**
			Bint Hadba el Saghira
Kamla	**Sheikh el Arab**	**Mansour**	**Gamil Manial**
			Nafaa el Saghira
		Bint Sabah	**Kazmeen**
			Sabah
	Samha	**Baiyad**	**Mabrouk Manial**
			Bint Gamila
		Bint Samiha	**Kazmeen**
			Samiha

Weiler Weltgeltung wieder: die Vollblutaraberzüchter des In- und Auslands bestürmten Dr. Wenzler mit Bitten um Hadban-Nachzucht.
Hadban Enzahi prägte die Marbacher Herde in hohem Maß, und lediglich die Bitten deutscher Araberexperten, polnisch gezüchtete Hengste neben dem Ägypter zu verwenden, beeinträchtigten teils das einheitliche orientalische Bild. Dr. Wenzler korrigierte es mit dem Einsatz des Hadban-Enzahi-Halbbruders Ghazal und mit Inzucht-Einsatz von Hadban Enzahi. Die Kombination beider Ägypter-Stammbaumlinien erbrachte Spitzenpferde, die weite Teile der deutschen Vollblutaraberzucht stark beeinflussen. Am 9. August 1975 beendete ein Hitzschlag das Leben des schon zu seinen Lebzeiten legendären Hadban Enzahi, und sein Tod machte in der Weltpresse Schlagzeilen. Der Ghazal-Sohn Saher aus der Hadban-Enzahi-Stute Sahmet und der Ägypter-Rapphengst Gharib Or. Ar. setzen das Erbe des bedeutenden El-Zahraa-Schimmelhengstes fort.

Die drei Hadban Enzahi-Söhne aus der Moheba I-Linie. Rechts: Madkour I a.d. Moheba II. Mitte: Moneef a.d. Moheba II. Links: Malik a.d. Malikah

Moneef, Z. u. B.: Haupt- und Landgestüt Marbach

Fotos: Irina Filsinger

Oben:
Mofeedah, geb. 1972 v. Hadban Enzahi a.d. Malikah, belegte in der Klasse 8jährige und ältere Stuten beim Asil Cup International den 2. Platz. Z.: Dr. E. Filsinger. B.: Petra Horsch.
Fotos: Irina Filsinger

Unten:
Nabil, geb. 1970, von Hadban Enzahi a.d. Nadja. Z.: Land- und Hauptgestüt Marbach. B.: VA-Gestüt Schwarzwald-Baar.

Ibn Galal

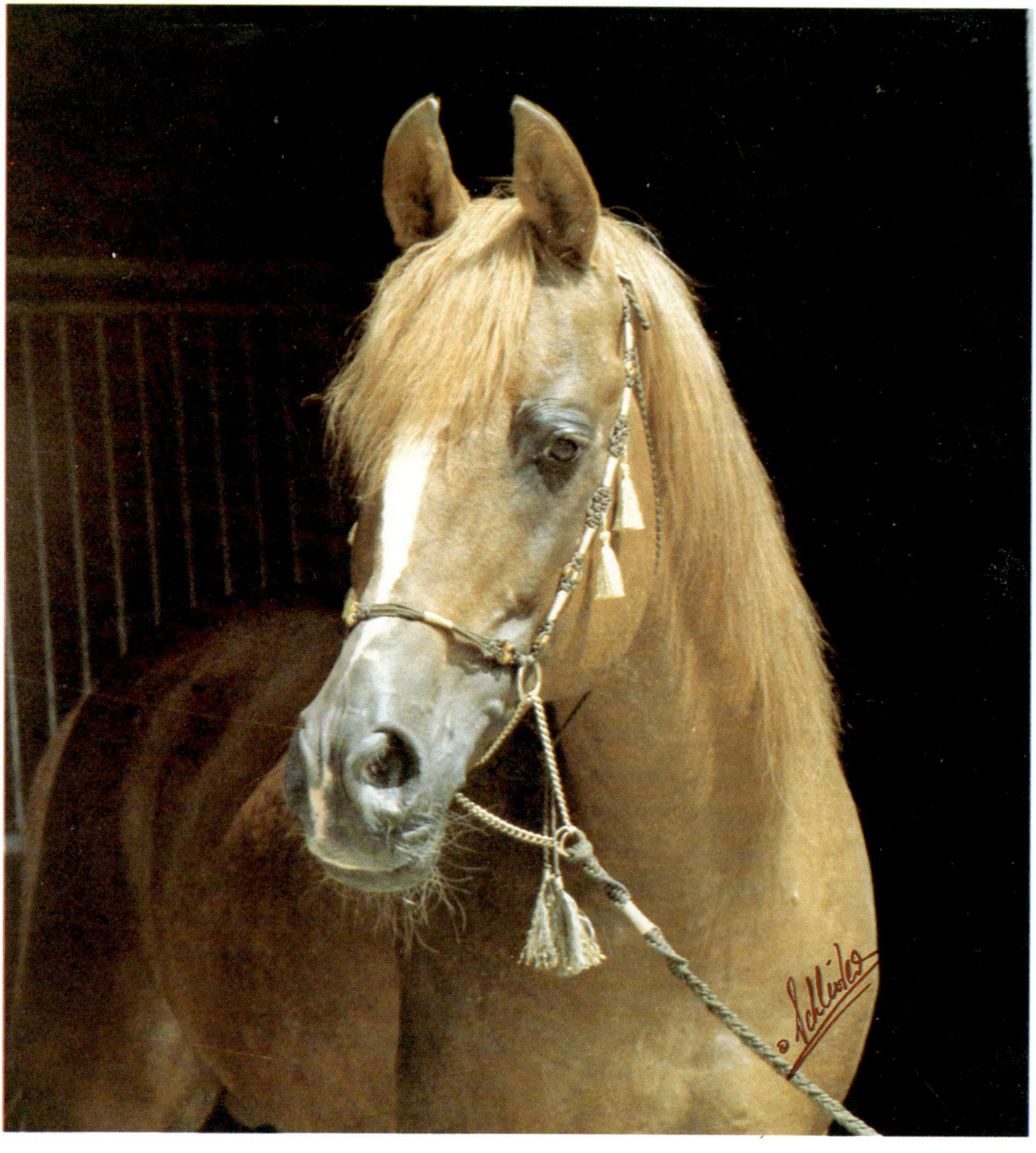

Foto: J. Schlüter

Aus Ungarn in den Schwarzwald

Das Arabergestüt Dobel des Ehepaars Poth im Schwarzwald und Ibn Galal, der Hengst aus Ungarn mit edelstem, reinsten Araberblut: Was wäre das eine ohne den anderen? Untrennbar sind die beiden Namen miteinander verbunden und zeigen dem Pferdefreund, wie man eine erstklassige Zucht aufbauen kann.

Ibn Galal ist 1966 in El Zahraa, dem ägyptischen Staatsgestüt in der Nähe von Kairo geboren. Ein Vollblutaraber mit rein ägyptischer Blutführung. In jungen Jahren kam er dann als Beschäler ins ungarische Gestüt Babolna. Der Züchter Dr. Hans-Joachim Nagel pachtete 1977 für eine Saison den Vollblutaraberhengst für sein Gestüt

Katharinenhof. Im Juli 1977 besuchten Poths den befreundeten Züchter Dr. Nagel, um seine Pferde anzuschauen. Als Ibn Galal aus dem Stall geführt wurde, als sein stolzer Blick klarmachte, wer hier der Boß ist und sein seidiges Fell in der Sonne glänzte, war es um das Ehepaar Poth geschehen.
Eigentlich kommen die Poths von der Reiterei. Auf Warmblütern ritten sie jahrelang Fuchsjagden und sonst in der Freizeit. Eines Tages fiel ihnen unter den Jagdpferden ein Schimmel auf, der besonders schön war und sich sehr schwungvoll und behende fortbewegte. Es war — wie konnte es anders sein — ein Araberhengst. Poths waren augenblicklich mit einer ansteckenden Krankheit infiziert: Der »Arabitis«. Nach einigen Jahren erfolgreichen Araberzüchtens schwenkten Poths in eine neue Zuchtrichtung: sie spezialisierten sich auf die Vollblutaraberzucht mit rein ägyptischer Blutführung.
Kein Wunder also, daß es dem Züchterehepaar vom Gestüt Dobel der reinblütige Ibn Galal angetan hatte, der zwar aus Babolna in Ungarn kam, aber doch — und darauf kam es an — in El Zahraa geboren worden war. Poths handelten schnell und nach etlichen Telegrammen zwischen Deutschland und Ungarn kam der Handel schließlich zustande: Ibn Galal wurde Beschälerhengst auf dem Arabergestüt Dobel. Er hat dem Gestüt seine Richtung gegeben. Durch seine hervorragenden Vererberqualitäten konnten die Poths etliche Prämierungsurkunden bei sich zu Hause in Dobel im Schwarzwald aufhängen. Ibn Galal hat eine sehr gute Nachzucht vorzuweisen. Bestes Beispiel hierfür ist der überaus erfolgreiche Hengst Sherif Pasha, der in jüngster Zeit große Triumphe auf in- und ausländischen Araberschauen feiert. Wenn der bildschöne Hengst leichtfüßig und schwungvoll über die Pferdeweide in Dobel springt, erinnert er stark an seinen Großvater Ibn Galal.
Dieser großartige Hengst starb 1983. Ohne Zweifel war sein Tod ein großer Verlust. Doch auf dem Gestüt Dobel weiß man seit Ibn Galal, wo es züchterisch langgeht. Vollblutaraber mit rein ägyptischer Blutführung, die Typechtheit und Leistungsfähigkeit verkörpern, sind das Ziel des Züchterehepaars Poth.

Protokoll:

IBN GALAL

Geboren:	25.10.1966/gestorben 1983
Gekört:	19.3.1977
Farbe:	Fuchs
Abzeichen:	Schnippe, beide Vorderfüße weiß, Blesse
Geschlecht:	Hengst
Stockmaß:	156 cm
Züchter:	Staatsgestüt El Zahraa, Ägypten
Besitzer:	Ursula Poth, Gestüt Dobel, 7544 Dobel, Tel. (0 70 83) 28 87
Leistungen:	Beste Nachzucht

Galal	**Nazeer**	**Mansour**
		Bint Samiha
	Farasha	**Sid Abouhom**
		Josreia
Mohga	**El Sareei**	**Shahloul**
		Zareefa
	Josreia	**Sheikh el Arab**
		Hind

Ibn Galal

Foto: Henri van Lent

Foto: S. Poth

Waheeba, geb. 1981, von Ibn Galal a.d. Bint Wedad. Z. u. B.: Araber Gestüt-Dobel, Ursula Poth.

Ibn Mohafez

Foto: Foto-Escher

Junger Hengst mit bestem Start

Betrachtet man die Schau-Ergebnisse der einschlägigen Veranstaltungen rund um das arabische Pferd, bestätigt sich eine Tatsache immer wieder aufs neue: Auch für ein kleineres Gestüt ist es durchaus möglich, im Wettbewerb mit größeren Zuchtstätten mitzuhalten. Es kommt eben auf die Qualität der Pferde, auf züchterischen Weitblick und natürlich auch auf das nötige Quentchen Glück an.
Ein sehr gutes Beispiel für das Zusammenwirken und den sichtbaren Erfolg dieser Zuchtvoraussetzungen ist das Gestüt Eichenhof in Niedersachsen, auf dem prächtige Vollblutaraberpferde stehen. Einer der prächtigsten dort ist zweifelsohne der Hengst Ibn Mohafez. Wie der Name schon besagt, stammt Ibn Mohafez väterlicherseits direkt von dem bekannten Hengst Mohafez ab. Die Mutter ist die Stute Brawura von Nazir.
Das Licht der Pferdewelt erblickte Ibn Mohafez im Frühjahr des Jahres 1980. Mit seinen sieben Jahren hat dieser außergewöhnliche Hengst bereits sehr beachtliche Erfolge vorzuweisen. Auch braucht er sich mit seiner Nachzucht be-

stimmt nicht zu verstecken. Mit Stuten unterschiedlichster Blutlinie und Qualität werden seine hervorragenden Vererbereigenschaften Jahr für Jahr augenfälliger. So wurde beispielsweise seine Tocher Galifa aus der Graczia Klassensiegerin bei den Stutfohlen auf der Araberschau in Altenstadt.

Oder die Hengste Sheik und Monsun, beides Ibn Mohafez-Söhne und beide mütterlicherseits von der Stute Polaika geboren: Sheik belegte den zweiten Platz der Jährlingshengste auf der Araberschau in Langenfeld und Monsun wurde Klassensieger der Hengstfohlen und Juniorreservechampion der ein- bis dreijährigen Hengste ebenfalls in Langenfeld 1987.

Das Kuriose dabei: Monsun war zu diesem Zeitpunkt erst ein zwei Monate altes Fohlen. Wenn man von der Nachzucht des noch relativ jungen Hengstes Ibn Mohafez spricht, darf man natürlich auch die Stute Wahna aus der Wahana nicht vergessen. Die Ibn-Mohafez-Tochter wurde Klassensiegerin der dreijährigen Stuten bei der Araberschau in Gieboldehausen. Auch bei der Nationalen Schau in Aachen konnte Wahana, die Tochter des Ibn Mohafez, den Klassensieg der dreijährigen Stuten und das Jugendchampionat bei der Nationalen Schau 1987 mit nach Hause nehmen.

Protokoll:

IBN MOHAFEZ

Geboren:	19.03.1980
Gekört:	1982
Farbe:	Fuchs
Abzeichen:	kleine Blesse, 4 dunkle Beine, Hufe hell
Geschlecht:	Hengst
Stockmaß:	156 cm
Züchter:	Vollblutarabergestüt Eichenhof, Ingrid und Jürgen Schulz, An der Örtze 5, 3101 Wolthausen/Celle, Tel. (0 51 43) 88 25
Besitzer:	Züchter

Leistungen: 1982 Sieger seiner Klasse und nationaler Junioren-Reserve-Champion, Aachen. Körungssieger seines Jahrganges in Kranichstein. 1983 Sieger seiner Klasse und europäischer Juniorenchampion, Aachen. 4. Platz Weltchampionat, Salon du Cheval, Paris. 1984 Sieger seiner Klasse und europäischer Juniorenchampion, Aachen. 1985 Hengstleistungsprüfung Warendorf, Vergleichsgruppe Warmblut. 1986 Ia-Preis, DLG Hannover. Goldmedaille, intern. Araberschau, Herning, Dänemark, Goldmedaille intern. Araberschau, Aachen und bester deutscher Seniorenhengst. Anerkennung durch den Trakehner Zuchtverband. 1987 Goldmedaille, nationale Araberschau Aachen.

Mohafez, B.	Ibn Moniet et Nefous	Morafic
		Moniet el Nefous
	Ahroufa	Ibn Fa Serr
		Bah Roufa
Brawura, B.	Nazir	Nizar
		Sachara
	Brygada	El Azrak
		Brawura

Natürlich konnte Ibn Mohafez selbst sehr viele Auszeichnungen gewinnen. Die Liste reicht vom Sieger der Körung 1982 in Kranichstein bis zur Goldmedaille bei der nationalen Araberschau in Aachen 1987. Der Hengst vom Vollblutarabergestüt Eichenhof der Züchter Ingrid und Jürgen Schulz ist einer der schauerfolgreichsten Hengste in Deutschland der letzten Jahre. 1986 ist Ibn Mohafez auch vom Trakehner-Zuchtverband als Beschäler anerkannt worden. Von seinen Besitzern wird der erfolgreiche Hengst auch respektlos-liebevoll »Stöpsel« genannt. Den Spitznamen bekam er bei der nur zögernd vorangehenden Geburt. Es war die erste Geburt für seine Mutter, die braune Nazir-Tochter Brawura. Und weil aller Anfang oftmals schwer ist, steckte er in den Geburtswegen der Stute fest wie ein Stöpsel in der Flasche und wollte weder vor noch zurück. Doch schließlich hat er es ja doch noch geschafft. Und inzwischen hat er sich zum »Gestütschef« gemausert. Ibn Mohafez hat sich zu einem Markenzeichen des Gestüts Eichenhof entwickelt, das auch über die Grenzen Deutschlands hinaus für Qualität und Adel bürgt.

Sein Exterieur weist einen stattlichen Hengst aus, mit schwungvollem, raumgreifenden Gang, harmonischen Körperproportionen mit auffallenden Reitpferdepoints. Sein Wesen ist ausgeglichen und daher unerschrocken, aber doch sehr freundlich und umgänglich.

Ibn Mohafez

Foto: Gundel Stetza

Malasina v. Ibn Mohefez a.d. Mahari. Junioren-Reserve-Champion Gieboldehausen 1987. Z.: Gestüt Eichenhof. B.: Marina Köller
Foto: Gundel Stetza

Monsun — auf dem Foto acht Tage alt — von Ibn Mohafez a.d. Polaika. Junioren-Reserve-Champion, Langenfeld 1987. Z. u. B.: Gestüt Funke.
Foto: Gundel Stetza

Jamil

Top-Ten-Hengst in den USA

Der Gestütskatalog des Gestüts Katharinenhof von Dr. Hans-Joachim Nagel bei Großenkneten/Hespenbusch hat folgende Einleitung: »Im flachen Land Norddeutschlands zwischen Bremen und Oldenburg, einem ehemaligen großen Heide- und Moorgebiet, liegt auf sandigem, trockenen Boden der Katharinenhof. Sandboden und arabische Pferde haben sicherlich eine historische Gemeinsamkeit.«

Und ebenso wie der Sandboden des Gestüts Katharinenhof eine historische Gemeinsamkeit mit arabischen Pferden hat, hat der Hengst Jamil, der auf diesem Gestüt geboren und gezüchtet wurde, eine historische Gemeinsamkeit mit dem

Sandboden des Gestüts El Zahraa in Ägypten. Denn von dort stammen seine Vorfahren. So wurde beispielsweise seine Mutter Hanan, eine Tochter von Alaa el Din aus der Mona in El Zahraa geboren. Und Jamils Großvater, Hadban Enzahi ist ebenfalls in diesem ägyptischen Staatsgestüt in der Nähe von Kairo groß geworden, bevor er nach Deutschland importiert wurde.

Geboren wurde Jamil 1975. Drei Jahre später kam er bei der Körung in Darmstadt-Kranichstein auf den zweiten Platz hinter El Shaklan und vor seinem Stallgefährten Mohafez. Zusammen mit Mohafez ging es dann auch auf die Hengstleistungsprüfung, wo Jamil die höchste Punktzahl in der Dressur erreichen konnte.

1983 wurde Jamil in die USA verpachtet und sollte in der nationalen Schau dieses Jahres gezeigt werden. Nach amerikanischen Bestim-

Protokoll:

JAMIL

Geboren: 3.7.1975
Gekört: 1978
Farbe: Schimmel
Abzeichen: schattierter Stern
Geschlecht: Hengst
Stockmaß: 152 cm
Züchter: Dr. Hans-Joachim Nagel, Katharinenhof, Arabergestüt, 2879 Hespenbusch, Tel. (0 44 33) 558
Besitzer: wie Züchter
Leistungen: 1978 — Reservesieger Hengstkörung Kranichstein, 1983-1985 verpachtet an: Ansata Arabian, Mena, Arkansas, USA. 1983 Grand Champion, Tennessee Show. 1983 Grand Champion, Georgia Show. 1983 Grand Champion, Missouri Show, 1983 US-National Top-Ten-Stallion, Albuquerque, USA.

Madkour I	Handban Enzahi	Nazeer	Mansour	Gmail Manial
				Nafaa el Saghira
			Bint Samiha	Kazmeen
				Samiha
		Kamla	Sheik el Arab	Mansour
				Bint Sabah
			Samha	Baiyad
				Bint Samiha
	Moheba Marb.	Ghazal	Nazeer	Mansour
				Bint Samiha
			Bukra	Shahloul
				Bint Sabah
		Malacha	El Sareei	Shahloul
				Tareefa
			Moheba	Sid Abouhom
				Halima
Hanan	Allaa el Din	Nazeer	Mansour	Gamil Manial
				Nafaa el Saghira
			Bint Samiha	Kazmeen
				Samiha
		Kateefa	Shahloul	Ibn Rabdan
				Bint Radia
			Bint Rissala	Ibn Yashmak
				Rissala
	Mona	Badr	Beshir el Ashkar	—
				—
			Badria	—
				—
		Mahdia	Hamdan	Ibn Rabdan
				Bint Radia
			Mahrousa	El Zafir
				El Shahbaa

mungen muß ein Hengst, bevor er an einer nationalen Schau teilnehmen darf, zunächst drei regionale Schauen absolvieren. Für den Spitzenhengst Jamil kein Problem: Auf den vorhergehenden Regionalschauen in Tennessee, Missouri und Georgia wurde er jeweils Hengstchampion. Auf der nationalen US-Schau wurde er dann Top-Ten-Hengst. Kein Wunder, daß sich die Amerikaner um ihn gerissen haben. In den zweieinhalb Jahren, die er dort verbracht hat, hat er über 100 Stuten bedeckt und auch rund 100 Nachkommen gezeugt. Bei den Auktionen in den USA liegt der Preis für ein Jamil-Stutfohlen im sechsstelligen Bereich.

Nachdem Jamil 1985 nach Deutschland zurückgekommen war, ist alles nur noch schief gelaufen. Er kam hier bereits mit einer Sprunggelenkverletzung an. Reiterlich war er dadurch nicht mehr einsetzbar und in der Zucht nur bedingt.

Als er sich in der Box dann noch einmal einen Fuß gebrochen hat, war sein Schicksal besiegelt: 1987 ist Jamil, einer der großartigsten Vollblutaraberhengste aus deutscher Zucht eingegangen.

Nahbay, geb. 1982, von Jamil a.d. Nika, war Sieger der Körung 1985 und Reservesieger seiner Klasse, Aachen 1987. Z. u. B.: Prof. Fritz Koenig, Gestüt Ganslberg.

Foto: Irina Filsinger

Nil Nour, geb. 1983, von Jamil a.d. Naya. Z.: Nile Araber Gestüt, Fam. Aeschbacher, Schweiz. B.: Uri Ariely, Israel, wurde mehrfach erfolgreich auf Schauen vorgestellt und lebt jetzt mit ihrem Fohlen von Maymoon in Israel.

Foto: Irina Filsinger

Afia, geb. 1980, von Jamil a.d. Gazala. Z. u. B.: Dr. H.-J. Nagel, Gestüt Katharinenhof — mehrfach erfolgreich auf Schauen.

Foto: Irina Filsinger

Kaisoon

Foto: Michaela Heck

Ein edles Geschenk aus Ägypten

Zu den bedeutendsten Vererbern der deutschen Vollblutaraberzucht zählen drei Hengste, die allesamt von dem berühmten Nazeer aus dem ägyptischen Staatsgestüt El Zahraa stammen. Es sind dies die Hengste Ghazal, Hadban Enzahi und als dritter und jüngster im Bunde, der edle Kaisoon, der heute noch lebt, während seine Brüder leider bereits gestorben sind.

Kaisoon wurde 1958 von der Fuchsstute Bint Kateefa geboren. Aus dem Fohlen sollte ein edler, typischer Vollblutaraberhengst mit ausdrucksvollstem Kopf und graziösem Körper werden.

Ganz selten ist wohl der Fall, daß man solch ein schönes, reines und edles Pferd geschenkt bekommt. Der Duisburger Zoo hatte dieses Glück: Gamal Abd el Nasser, damals ägyptischer Staatspräsident, schenkte 1963 im Rahmen der ägyptischen Woche den Hengst Kaisoon dem Tiergarten in der Ruhr-Stadt. Im Gegenzug durften sich die Ägypter Tiere aus dem Duisburger Zoo aussuchen.

Mancher mag im ersten Augenblick denken: Was hat ein Pferd im Zoo zu suchen, wo doch sonst nur seltene, exotische Tiere zu sehen sind, die außerdem der besonderen Aufzucht und Pflege bedürfen. Doch zum einen ist ein Vollblutaraberhengst vom Schlage eines Kaisoon allemal eine besondere Seltenheit, und zum anderen kam der Hengst in Sachen Aufzucht und Pflege in die besten Hände. Der 1965 verstorbene Direktor des Duisburger Zoos, Dr. Hans-Georg Thienemann setzte seine Liebe zu den Pferden zunächst in eine Kinderreitschule um, an der nicht nur er viel Freude hatte. Später entstand aus der Reitschule eine Vollblutaraber-

zucht, die Thienemann sorgfältig mit Rassepferden arabischer Herkunft, wie dem Hengst Kheman oder der Stute Goplana aufbaute.
Die Krönung aber kam mit Kaisoon. Zunächst wurde Kaisoon gar nicht als Beschäler eingesetzt. Wie seine Brüder Ghazal und Hadban Enzahi wurde er zunächst irrtümlicherweise als zu fein und zu edel angesehen, um als Deckhengst zu gelten. 1965 übernahm Herr Dr. Wolfgang Gewalt das Erbe des Duisburger Zoogestüts von Dr. Thienemann. 1966 wurde dann Kaisoon

Temperament, eine sprichwörtliche Geschmeidigkeit und einen erstklassigen Charakter.
Das sprach sich natürlich auch bald bei den Züchtern herum und Kaisoon bekam immer mehr Stuten, auch aus anderen Gestüten. So wurde der inzwischen schon legendäre Hengst Kaisoon der Hengst mit den meisten Fohlen in der Bundesrepublik: Insgesamt gibt es über 200 direkte Kaisoon-Nachkommen.
Kaisoon ist 1987 im hohen Alter von neunundzwanzig Jahren eingegangen.

Nazeer	Mansour	Gamil Manial	Saklawi II	Saklawi I
				El Dahma
			Dalal	Rabdan
				Om dalal
		Nafaa el Saghira	Meanagi Sebeli	—
				—
			Nafaa el Kebera	Rabdan
				Donla
	Bint Samiha	Kazmeen	Sotam	Astraled
				Selma
			Kazema	Narkis
				Kasida
		Samiha	Samhan	Rabdan
				Om dalal
			Bint Hadba el Saghira	El halabi
				Hadba
Bint Kateefa	Sid Abouhom	El Deree	—	—
				—
			—	—
				—
		Layla	Ibn Rabdan	Rabdan
				Bint Gamila
			Bint Sabah	Kazmeen
				Sabah
	Kateefa	Shahloul	Ibn Rabdan	Rabdan
				Bint Gamila
			Bint Radia	Mabrouk Manial
				Radia
		Bint Rissala	Ibn Yashmak	Feisul
				Yashmak
			Rissala	Mesaoud
				Ridaa

erstmals bei zwei Stuten eingesetzt. Mit der Zeit zeigten sich dann auch die hervorragenden Vererbereigenschaften von Kaisoon.
Da blieben die Ehrungen natürlich nicht aus: Bei der Ausstellung »150 Jahre Weil-Marbach« gewann er den Ia-Preis. In Grefrath holte er 1970 den ersten Preis, und in Celle war er 1971 der Siegerhengst bei den Vollblutarabern.
Kein Wunder also, wenn Kaisoon mit seiner hervorragenden Beschälerkondition gefragt war. Die Nachzucht aus der Nazeer-Kaisoon-Blutlinie zeigt ein feuriges und trotzdem wohlgemutes

Protokoll:

KAISOON

Geboren:	26.4.1958
Gekört:	20.10.1964
Farbe:	Schimmel
Abzeichen:	keine, vier dkl. Hufe
Geschlecht:	Hengst
Stockmaß:	151 cm
Züchter:	Staatsgestüt El Zahraa, Ägypten
Besitzer:	Duisburger Tierpark, 4100 Duisburg, Mülheimer Str. 273

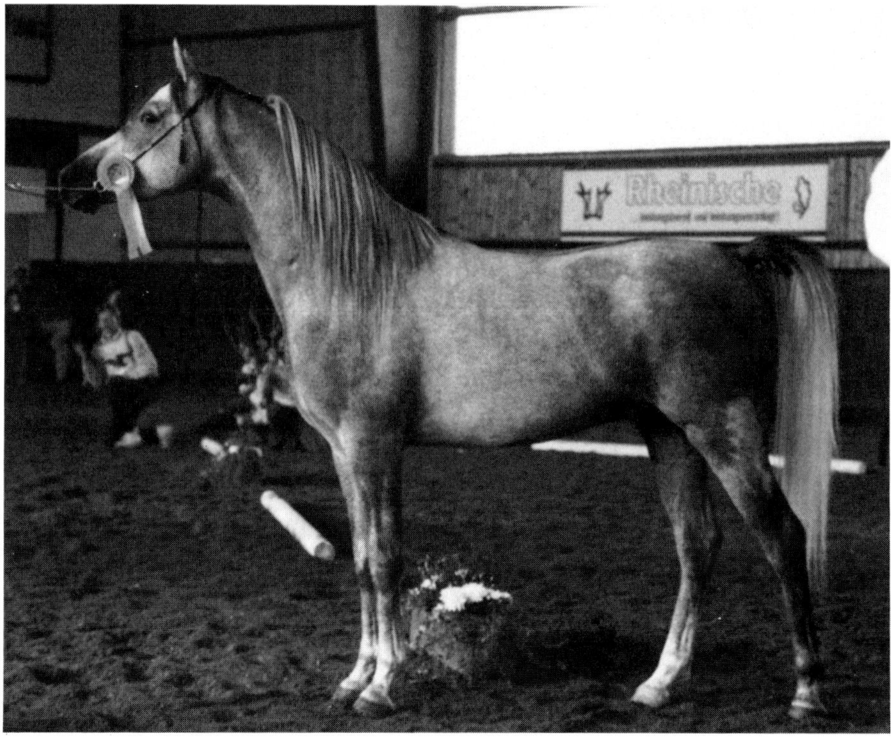

Cascabel, geb. 1983, von Kaisoon a.d. Candela, 2. Platz — dreijährige Hengste in Aachen 1986. Z. u. B.: Dr. Brumberg.

Foto: Irina Filsinger

Moniet, geb. 1975, von Kaisoon a.d. Moneera, hier mit Hengstfohlen von Maymoon v. Kaisoon. Z. u. B.: G. Thierer, Bad Schönborn.

Irina Filsinger

Hakeel Ibn Kaisoon Foto: Foto-Escher

Shaheera, geb. 1981, von Kaisoon a.d. Salha. Z. u. B.: G. Thierer, Bad Schönborn. Foto: Irina Filsinger

Kilimandscharo

Foto: Eylers

Über den Preis wird nicht gesprochen

Silvia Garde-Ehlert hat sich ganz der Pferdezucht verschrieben. Freilich: Vollblutaraber müssen es schon sein. Und am liebsten Vollblutaraber mit ägyptisch-russisch-polnischer Blutverbindung.

Kilimandscharo ist der Name des höchsten Bergmassivs von Afrika. Kilimandscharo ist aber auch der Name eines Vollblutarabers, der eben jene Blutlinien ägyptischer, russischer und polnischer Vorfahren in bester Weise in sich zusammenführt.

Bei Kilimandscharo steht der Vater, Aswan, für die ägpytische Seite. Aswan hat wiederum den berühmten Nazeer zum Vater und seine Mutter ist auch keine unbekannte Größe in dieser Zuchtgleichung: Yosreia. Für die russisch-polnische Linie zeichnet Kilimandscharos Mutter Karta verantwortlich. Während Kartas Mutter, die erfolgreiche Stute Kapella, aus dem polnischen Gestüt Klemensow stammt, ist ihr Vater, der ausdrucksstarke Hengst Arax, aus dem russischen Staatsgestüt Tersk.

Und in Tersk wurde im April 1968 auch Kilimandscharo geboren. Wie kommt nun ein Vollblutaraberhengst von einem russischen Staatsgestüt in ein deutsches Privatgestüt? Die eine Möglichkeit ist, daß man das Pferd über einen Händler importiert. Die andere Möglichkeit besteht darin, daß man direkt nach Rußland fährt und das Pferd dort ersteigert.

Als Silvia Garde-Ehlert 1968 mit ihrem ersten Mann Henry Garde ein Gestüt aufbauen wollte, gab es die zweite Möglichkeit noch nicht. Zwei Jahre später dann fand die erste russische Pferdeauktion in Tersk statt. Henry Garde fuhr hin und kam wieder zurück — mit Kilimandscharo. Über den Auktionspreis für diesen Prachthengst will Silvia Garde-Ehlert heute nicht mehr reden. Doch was immer er auch gekostet haben mag, er war und ist sicher sein Geld wert.

Dafür sprechen allein schon seine Auszeichnungen, die er im Laufe der Zeit bekommen hat. Kurz nachdem er sich in Deutschland eingelebt hatte, ging es zur Körung. Kilimandscharo konnte die Jury ganz für sich gewinnen. Er wurde Sieger in der Klasse Ia und Körungssieger. Wenn das kein Einstand ist!
1978 wurde der »Russe« dann Champion-Hengst auf der WAHO-Schau in Hamburg.

Protokoll:

KILIMANDSCHARO

Geboren:	11.4.1968
Gekört:	1971
Farbe:	Schimmel
Abzeichen:	unterbrochene durchgängige Blesse in beiden Nüstern, Unterlippe weiß, r. Vfsl. unreg. w. (gestr. Huf), r. Hf. w.
Geschlecht:	Hengst
Stockmaß:	154 cm
Züchter:	Staatsgestüt Tersk, UdSSR
Besitzer:	Silvia u. Hermann Garde-Ehlert, Gut Alemich, Dahler Str. 51, 5063 Overath, Telefon (0 22 06) 23 23
Leistungen:	1977 Körungssieger und Sieger

der Klasse Ia in Kranichstein. 1978 Deutscher National-Champion auf der WAHO-Schau

Aswan	Nazeer	Mansour	Gamil Manial	Saklawi II
				Dalal
			Nafaa el Saghira	Meanagi Sebili
				Nafaa el Kebera
		Bint Samiha	Kazmeen	Sotam
				Kasima
			Samiha	Samhan
				Bint Hadba el Saghira
	Yooroia	Sheikh el Arab	Mansour	Gamil Manial
				Nafaa el Saghira
			Bint Sabah	Kazmeen
				Sabah
		Hind	Ibn Rabdan	Rabdan
				Bint Gamila
			Bint Rustem	Rustem
				Bint Hadba el Saghira
Karta	Arax	Amurath Sahib	Amurath II	Amurath
				Fatme Or.Ar.
			Sahiba	Nana Sahib I
				Donka
		Angara	Wielki Szlem	Ofir
				Elegantka
			Brda	Mersuch II
				Siglavy Bagdady III
	Kapella	Priboj	Piolun	Koheilan I
				Dziewanna
			Rissalma	Shareer
				Rissla
		Kanitel	Korej	Kann
				Rixalina
			Limba	Bakszysz
				Dziwa

Doch nicht nur auf Schauen war Kilimandscharo erfolgreich. Seine hervorragenden Vererbereigenschaften wirken anscheinend magnetisch auf viele Züchter im In- und Ausland. Das belegt auch die Tatsache, daß er 1984 und 1985 der meistgenutzte Vollblutaraberhengst gewesen ist. Auch Kaufangebote mußte Silvia Garde-Ehlert schon mehrfach ausschlagen. So kam beispielsweise von dem führenden Gestüt in den USA, LASMA, eine Offerte für Kilimandscharo über eine Million Dollar, die von der erfahrenen Züchterin jedoch nicht angenommen wurde.

Denn 19jährig sorgt Kilimandscharo immer noch für beste Deckleistungen.

Seine erfolgreiche Nachzucht steht in neun europäischen Ländern, den USA und Kanada. Einer seiner Söhne wurde National-Champion von Argentinien. Weitere bekannte Namen sind Neschi, Neschima und Nougat, der als Jährling bereits für eine Million Mark in die USA verkauft wurde. Ein weiterer Sohn von Kilimandscharo steht in den USA: der Dunkelhengst Nego. Auf dem Salon du Cheval 1985 wurde er Sieger in seiner Klasse. Und das will etwas heißen, bei der starken internationalen Konkurrenz auf dem internationalen Pferdesalon in Paris, die den Preisrichtern die Entscheidung nicht sehr leicht macht.

Maklouf, geb. 1980, von Kilimandscharo a.d. Mabrouka. Foto: Irina Filsinger

Maklouf, geb. 1980, von Kilimandscharo a.d. Mabrouka, errang 1986 in Paris mit einem 2. Platz den Titel Welt-Reserve-Champion in der Klasse 4 bis 6jährige Hengste. B.: Haras de la Jolivette, Frankreich. Foto: Irina Filsinger

Madkour I

Foto: Irina Filsinger

Kämpft um jede Stute

»Madkour duldet keine Rivalen neben sich. Wenn er eine Stute in seiner Nähe spürt, darf kein anderer Hengst in der Nähe sein, sonst kämpft er bis zum Umfallen. Seinem Vollbruder hat er in einer solchen Situation einmal ein Stück Ohr abgebissen.«

Kaum zu glauben, daß die Tochter von Günter Seidlitz, dem Züchter auf Gut Muggenbach in der Nähe des bayerischen Sesslach, vom gleichen Pferd erzählt, wenn sie fortfährt: »Madkour läßt besonders gern Kinder bei sich aufsitzen. Er weiß genau, daß diese kleinen Menschen ihm nichts Böses wollen.«

Madkour ist ein originaler Vollblutaraber, bei dem man sofort noch die Abstammung aus der arabischen Wüste erkennen kann. Sein Charakter ist sehr einnehmend, ein stolzes Pferd mit einer großartigen Persönlichkeit. Daß Madkour von sich überzeugt ist, hört man auch: sobald er auf ein anderes Gestüt kommt, stimmt er ein Triumphgeschrei an, damit alle anderen Pferde gleich wissen: der Boß ist angekommen.

Madkour stammt mütterlicherseits von der ägyptischen Vollblutaraberstute Maisa ab, und sein Vater ist der Nazeer-Sohn Morafic. Die hervorragenden Eigenschaften, die Madkour von

seinen Vorfahren mitbekommen hat, vererbt er auch an seine Nachkommen weiter.
Einige davon stammen aus der Maymoonah, seiner Lieblingsstute auf dem Gestüt Seidlitz. Folgendes Erlebnis verdeutlicht noch einmal den unvergleichlichen Charakter von Madkour: Nachdem der Hengst bei einem Ausritt durch ein Brückengeländer fünf Meter tief stürzte und auf den Rücken fiel, stand er nach kurzer Benommenheit wieder auf und ließ sich blutend nach Hause führen. Auf dem Gestüt angekommen, stimmte er, als ob nichts gewesen wäre, sein »Hoppla-jetzt-komm-ich-Gebrüll« an. In der Box ließ er sich dann allerdings wieder gerne von den Menschen, denen er vertraut, umhegen und umpflegen.

Protokoll:
MADKOUR

Geboren:	22.12.1964
Gekört:	1968
Farbe:	Schimmel
Abzeichen:	2 Schn., l. Htf. w., l. Htf. h, drei dkl. Hufe.
Geschlecht:	Hengst
Stockmaß:	154 cm
Züchter:	Staatsgebiet El Zahraa, Ägypten
Besitzer:	Vollblutarabergestüt Fam. Seidlitz, Gut Muggenbach, 8601 Sesslach 4, Tel. (0 95 67) 12 30
Leistungen:	Hengstleistungsprüfung Marbach 1972. Beste Nachzucht.

Morafic	Nazeer	Mansour	Gamil Manial	Saklawi II
				Dalal
			Nafaa El Saghira	Meanagi Sebili
				Nafaa El Kebera
		Bint Samiha	Kazmeen	Sotam
				Kasima
			Samiha	Samhan
				Bint Hadba El Saghira
	Mabrouka	Sid Abouhom	El Dere	aus dem königl. Gestüt Khassa
			Layla	Ibn Rabdan
				Bint Sabah
		Moniet El Nefous	Shahloul	Ibn Rabdan
				Bint Radia
			Wanisa	Sheikh El Arab
				Medallela
Maisa	Shahloul	Ibn Rabdan	Rabdan	Dahman Grey
				Rabda
			Bint Gamila	Ibn Nadra
				Gamila
		Bint Radia	Mabrouk Manial	Saklawi II
				Tarfa
			Radia	Feisul
				Ghazala El Beida
	Zareefa	Kazmeen	Sotam	Astraled
				Selma
			Kasima	Narkise
				Kasida
		Durra	Saadoun	Obeyan Sherrak
				Obeya Sherrakia
			Dalal	Jamil
				Bint El Bahrein

Mabrouk Ibn Malikah, geb. 1976, von Madkour a.d. Malikah. Z. u. B.: Gestüt Roter Busch, Dr. E. u. F. Filsinger, 6967 Buchen-G.

Foto: Irina Filsinger

Links: Madkour I, rechts Moneef

Manaya, geb. 1977, von Madkour a.d. Maisa. National Champion-Stute, Schweiz 1986. Z.: Dr. E. Filsinger. B.: Nayla Hayek, Schweiz. Fotos: Irina Filsinger

Mahomed

Foto: C.-H. Dömken

Auf dem Platz des legendären Ghazal

Im Vollblutarabergestüt Dömken, Hof Borstel, Dörverden bei Verden/Aller, gilt Mahomed als der Araber aller Araber, und viele Besucher der Zuchtherde teilen die hohe Meinung der Gestütseigner, die ihren Superstar im Depot der acht Deckhengste mit eitlem Stolz hervorheben; denn da ist kein züchterisches Selbstlob dabei: Mahomed wurde von Dr. Erwin Filsinger, Gestüt »Roter Busch«, gezüchtet.

Mahomed vertritt den selten gewordenen klassischen, antiken Typ des Originalarabers, wie ihn Vernet, Delacroix und Adam darstellten: hochedel und hart, männlich-charmant, schier unentwegt aufmerksam und prall im Selbstwertgefühl, fast nur Sehnen, Muskeln und knochige Stabilität. Das Exterieur ist markant eckig und kantig ohne die Gefälligkeit einer Show-Kondition heutigen Geschmacks, und deshalb wurde er noch nie bei Schau-Konkurrenzen vorgestellt. Sein Sohn Muqatamm a.d. Ghazalah v. Ghazal a.d. Afifa vertrat ihn und wurde auf Anhieb in seinem ersten Wettbewerbsauftritt »Asil Cup international Sieger im Hengstchampionat Dillenburg 1985«.

Mahomeds Interieur kennzeichnet Sanftmütigkeit zu Freunden und Ablehnung — ja sogar Aggression — gegenüber Unbekannten. So wurde er erzogen. Sein Charakter bot sich dafür prächtig an. Der legendäre Ghazal, Mahomeds Großvater, dessen Platz er im Gestüt einnahm, verhielt sich ähnlich.

Protokoll:

MAHOMED

Geboren:	26.5.1968
Gekört:	1972
Farbe:	Schimmel
Abzeichen:	4 dunkle Hufe
Geschlecht:	Hengst
Stockmaß:	154 cm
Züchter:	Dr. Erwin Filsinger, Graben, Friedrichstaler Str. 23
Besitzer:	Carl-Heinz Dömken, Hof Borstel, 2817 Dörverden, Tel. (0 42 39) 361
Leistungen:	Beste Nachzucht

Hadban Enzahi	Nazeer	Mansour	Gamil Manial	Saklawi II
				Dalal
			Nafaa El Saghira	Meanagi Sebili
				Nafaa El Kebera
		Bint Samiha	Kazmeen	Sotam
				Kasima
			Samiha	Samhan
				Bint Hadba El Saghira
	Kamla	Sheikh el Arab	Mansour	Gamil Manial
				Nafaa el Saghira
			Bint Sabah	Kazmeen
				Sabah
		Samha	Baiyad	Mabrouk Manial
				Bint Gamila
			Bint Samiha	Kazmeen
				Samiha
Malikah	Ghazal	Nazeer	Mansour	Gamil Manial
				Nafaa el Saghira
			Bint Samiha	Kazmeen
				Samiha
		Bukra	Shahloul	Ibn Rabdan
				Bint Radia
			Bint Sabah	Kazmeen
				Sabah
	Malacha	Elsareei	Shahloul	Ibn Rabdan
				Bint Radia
			Zareefa	Kazmeen
				Durra
		Moheba	Sid Abouhom	El Dere
				Layla
			Halima	Sheikh el Arab
				Ragia

Fliegende Tritte zeichnen Mahomeds dynamische Bewegungen aus und im Ganzen ist ihm eine gewisse Exaltiertheit nicht abzusprechen.

Reiten läßt sich Mahomed nur von Leuten, die er mag. Bei anderen wird er zum Standbild, wendet den schlanken Hals so, daß der Reiter ihm in die zwei funkelnden Augen sehen kann, und wenn das noch nicht Warnung genug ist, packt er mit blitzschnellem Biß ein Reiterbein und entledigt sich des gequälten »Sattelgefährten«. Solch Gehabe sei typisch arabisch, meint Carl-Heinz Dömken. Mahomed muß es wohl irgendwo gelesen haben. Vielleicht bei Karl May?

Mahomed wirkt im extremen Saklawi-Typ fast zierlich. Sein Stockmaß indes liegt mit 154 Zentimetern an der obersten Grenze der Originalaraber, die seinen Stammbaum lückenlos kennzeichnen. Über Hadban Enzahi, Ghazal und Morafic ist Nazeer, der ägyptische Jahrhunderthengst, dreimal vernietet.

Mahomeds silberweiße Jacke füllen jetzt langsam Forellenflecke, die seiner Mutter Malikah ein bezauberndes, exotisches Flair verliehen. Mahomed erwartet 1988 seinen hundertsten direkten Nachkommen, von denen achtundzwanzig im Dömken-Gestüt geboren wurden. Für Mahomed-Nachkommen gab es beachtliche Prämierungen. Die meisten kassierte sein Sohn Ibrahim a.d. Mahiba, Gestüt »El Shams« in Delingsdorf.

Im »Straight-Egyptian«-Asil-Boom heutzutage sei daran erinnert, daß es 1955 in der Bundesrepublik Deutschland nur sechs Pferde dieser speziellen, arabischen Zuchtrichtung gab: die Hengste Hadban Enzahi (Kamel), Ghazal und Kaisoon (alle von Nazeer) und die Stuten Nadja — auch von Nazeer — und Moheba sowie deren Stutfohlen Malacha.

Mahomed Foto: Irina Filsinger

Im heutigen Überangebot ägyptischer Hengstfohlen (wobei Quantität natürlich nicht gleich Qualität ist) liest sich der Erwerb Mahomeds wie eine Anekdote: Miniaraberschau im damaligen Dömken-Gestüt in Meitze. Gast Dr. Filsinger nahm den Hausherrn geheimnisvoll zur Seite: »Ich hätte da ein rein ägyptisches Hengstfohlen für Sie. Einen Hadban-Sohn aus einer Ghazal-Stute. . . .« Nach ein paar Bedenktagen und nach Erhalt eines Fotos ging — damit nur nicht jemand zuvorkommen könnte! — telegrafisch die Kaufsumme an den Züchter. Und an Stelle eines stattlichen Mittelklasseautos kam Mahomed im Frühjahr 1969 zu den zwei Dömkens.

Muqatamm, von Mahomed a.d. Ghazalah, Sieger des Asil Cup 1985. Z. u. B.: Vollblutarabergestüt Dömken, Hof Borstel, Dörverden.
Foto: Irina Filsinger

Malik

Foto: Irina Filsinger

Als Zuchthilfe in Israel

Die Liebe zum arabischen Pferd begann für Karin und Günter Maiworm auf dem Gestüt Seehof. Es war damals ein Wallach, der es den beiden angetan hatte. Sie empfanden es als eine besondere Auszeichnung und einen Genuß, diesen Araberwallach reiten zu dürfen. An diesem Tag brannte die Araberflamme bei Maiworm schon, und durch das Buch von Carl-Heinz Dömken, »Ghazal, der Fürst der Pferde«, wurde diese Flamme zum lodernden Feuer. Karin und Günter Maiworm träumten fortan von einem Vollblutaraber vom Schlage eines Ghazal. Dieser Traum erfüllte sich mit dem Kauf des Hengstes Malik, einem Enkel des legendären Ghazal, der selbst schon fast zur Legende geworden ist.

Auf dem Gestüt von Dr. Erwin Filsinger ist Malik geboren und aufgewachsen. Seine Eltern sind beide reinrassige Vollblutaraber. Der aus Ägypten stammende Nazeer-Sohn Hadban Enzahi ist der Vater. Die Mutter heißt Malikah, eine Ghazal-Tochter, die in Lütetsburg auf dem Gestüt des Grafen von Inn- und Knyphausen gezogen wurde.

Mit drei Jahren absolvierte Malik in Deutschland die Hengstleistungsprüfung. Kurz darauf wurde er an einen reichen Ölscheich verkauft, der in der Schweiz lebte. Der Scheich hatte dort einen sehr schönen Landsitz mit einem riesigen Park drumherum. Damit sich der Hengst nicht so einsam fühlte, kaufte er für Malik kurzerhand noch eine Gefährtin dazu. Der Scheich ging mit Malik nicht auf Zuchtschauen oder andere Großveranstaltungen. Er wollte sich mit dem arabischen Pferd nur ab und zu an seine Heimat erinnert wissen, die auch die Heimat der Vorfahren von Malik war.

Nachdem der Scheich gestorben war, ließen sich weit und breit keine Erben ausfindig machen, und so wurde das gesamte Vermögen, darunter auch der Vollblutaraberhengst Malik, von einer Schweizer Bank versteigert. Ein schweizer

Protokoll:

MALIK

Geboren:	27.2.1970
Gekört:	1973
Farbe:	Schimmel
Abzeichen:	—
	Hengst
Stockmaß:	150 cm
Züchter:	Dr. E. Filsinger, Gestüt Roter Busch
Besitzer:	Vollblutarabergestüt Maiworm, Karin u. Günter Maiworm, 5983 Balve-Höveringshausen, Tel. (0 23 75) 22 09
Leistungen:	1974 Hengstleistungsprüfung in Marbach. 1984 Deutscher Nationalchampion.

Hadban Enzahi	Nazeer	Mansour	Gamil Manial
			Nafaa el Saghira
		Bint Samiha	Kazmeen
			Samiha I
	Kamla	Sheikh el Arab	Mansour
			Bint Sabah
		Samha	Baiyad
			Bint Samiha
Malikah	Ghazal	Nazeer	Mansour
			Bint Samiha
		Bukra	Shahloul
			Bint Sabah
	Malacha	El Sareei	Shahloul
			Zareefa
		Moheba	Sid Abouhom
			Halima

Freund steigerte den Hengst damals für das Gestüt Om el Arab von Sigrid und Rüdiger Merz. Von diesem Zeitpunkt an wurde Malik auch in der Zucht eingesetzt und brachte eine hervorragende Nachzucht. Ibn Estasha beispielsweise wurde holländischer Nationalchampion. Ibn Zareefa errang das dänische Nationalchampionat. Estashan ist in Australien sehr erfolgreich gewesen und die Stute Zahda Yama hat auch sehr viele Auszeichnungen und Prämierungen erringen können.

Seinen Kindern vererbt der sehr ausdrucksstarke und typvolle Hengst Schönheit und viel Temperament. Doch trotz viel Temperaments hat sich Malik immer im Griff. Karin Maiworm schwärmt: »Auf dem Egyptian Event in Wiesbaden tropfte ihm der Schaum vom Mund vor Aufregung, weil er Stuten in seiner Nähe wußte. Trotzdem hätte ihn ein zwölfjähriges Kind am Zügel führen können.«
Auch die Züchter Maiworm haben Malik als Vererber eingesetzt und auf dem Gestüt in der

Nähe von Balve im Sauerland stehen drei Töchter und ein Sohn von Malik. Malik selbst ist an das Gestüt Arieli in Israel verpachtet und das Züchterehepaar Maiworm trägt sich mit dem Gedanken, Malik zu verkaufen. Karin Maiworm: »Wir lieben Malik sehr, aber wenn wir ihn nach Isreal verkaufen, handeln wir wohl in seinem Sinn. Mit inzwischen 17 Jahren bekommt ihm das mildere Klima dort unten besser als das rauhe Wetter in Deutschland.«

Malik

Foto: Irina Filsinger

Oben:
Zareefah, geb. 1976, von Malik a.d. Zabia ist die Mutter der Int. Champion-Stute Zakija. Z. u. B.: Gestüt Roter Busch, Dr. E. u. F. Filsinger. Foto: Irina Filsinger

Unten:
Mehrfach erfolgreich auf Schauen: Orasha, geb. 1984, von Malik a.d. Ora. Z. u. B.: Gestüt Maiworm, Balve. Foto: Irina Filsinger

Mansul

Foto: Irina Filsinger

Eine Schönheit mit guten Reiteigenschaften

Mansul, einer der besten Vererber in der deutschen Araberzucht, hat seine Beschälerbox im Gestüt am Saalegrund bei Adele und Walter Koch. Geboren wurde der Fuchshengst 1975. Er ging aus einer Verbindung des Sawih Ibn Wisznu mit der Stute Mekka hervor und führt damit bestes Araberblut in sich. Seine Typechtheit und sein sprühender Adel machen ihn zu einer Augenweide für jeden Freund des arabischen Pferdes.

Er ist in jeder Beziehung ein außergewöhnlicher Hengst. Mansul untermauert und dokumentiert seine Leistungsbereitschaft und seine erfolgreiche Leistungsfähigkeit mit zahlreichen Prämierungen auf verschiedenen Araberschauen und -prüfungen.

So wurde er beispielsweise bester Araber der Hengstleistungsprüfung in München-Riem im Jahr 1979. 1980 belegte er einen dritten und 1981 einen zweiten Platz auf der internationalen Schau Arabischer Pferde in Aachen. Ebenfalls in Aachen bewies er seine Vererberschaft durch seine Nachkommen, indem er das Reserve-Championat der Vererberhengste mit nach Hause nehmen konnte.

Zwei weitere wichtige Jahreszahlen im Leben des Spitzenhengstes Mansul: 1984 und 1985. Zu seinen bisher größten Erfolgen gehört sicherlich

der Siegerpreis für den besten Araberhengst auf der DLG-Ausstellung 1984 in Frankfurt. Und 1985 feierte Mansul nach einem sehr spannenden Wettkampf seinen Triumph: Die Klasse der sechsjährigen und älteren Hengste war wohl an diesem Tag bei der ersten ausschließlich für arabische Vollblüter ausgerichteten Pferdeschau im bayerischen Leipheim-Riedheim die stärkste und gleichzeitig am schwersten zu richtende Klasse. In der Qualität war sie sehr einheitlich, und letztendlich trennten die Konkurrenten nur wenige zehntel Punkte voneinander. Es war deshalb in dieser Klasse klar, daß bei der hohen Qualität der ausgestellten Hengste die jeweilige Tagesform entscheiden mußte. Und Mansul, der strahlend schöne Fuchshengst, hatte die beste Form: Durch seine männliche Ausstrahlung und den herrlichen arabischen Typ konnte er die Punktrichter voll überzeugen, sie gaben ihm — in ihrem Urteil völlig einig — die höchste Note des Tages. Doch damit nicht genug: Obendrein wurde der Fuchshengst noch Schausieger bei den Seniorenhengsten.
Logisch, daß bei soviel Rasse und Klasse auch die Nachzucht von Mansul überzeugen kann: Bei der gleichen Veranstaltung in Riedheim wurde die Mansul-Tochter Jarissah Reservesiegerin.

Protokoll:

MANSUL

Geboren:	8.5.1975
Gekört:	14.10.1978
Farbe:	Fuchs
Abzeichen:	Strichblesse in Schnippe bis zwischen die Nüstern übergehend, Unterlippe weiß, rechts vorn Fuß schattiert, rechts hinten Fuß weiß, beide rechte Hufe hell
Geschlecht:	Hengst
Stockmaß:	152 cm
Züchter:	Edmund Schendel, Rischenweg 1, 3405 Rosdorf
Besitzer:	Walter Koch, Mittelweg 21, 8741 Saal a.d. Saale, Tel. (0 97 62) 499

Leistungen: 1979 Sieger der Hengstleistungsprüfung in München. 1980 Internationale Schau Arabischer Pferde in Aachen: 3. Platz. 1981 Internationale Schau Arabischer Pferde in Aachen: 2. Platz. 1985 Internationale Schau Arabischer Pferde in Aachen: 2. Platz und Reserve-Champion der Schau. 1984 Siegerpreis für den besten Araberhengst DLG-Ausstellung in Frankfurt.

Sawih Ibn Wisznu	Wisznu	Witez II	Ofir
			Federacja
		Malaga	Mazepa II
			Hebda
	Sabine	Halef	Enwer Bey
			Kasztelanka
		Sabha	Jasir
			Sarolta
Mekka	Saphir	Haladin	Halef
			Jadine
		Salifah	Wisznu
			Sarolta
	Malikah	Ghazal	Nazeer
			Bukra
		Malacha	El Sareei
			Moheba

Der Sieg bei den Junioren der Hengste fiel dem zweijährigen Fuchshengst Murana, ebenfalls ein Mansul-Nachkomme, zu. Damit hat Mansul einmal mehr seine hervorragenden Vererbereigenschaften unterstrichen, die mit dem Zuchtziel seines Heimatgestüts Saalegrund übereinstimmen: Vollblutaraber mit auffallenden Reitpferde-Eigenschaften zu züchten, die deshalb aber an Schönheit nichts einbüßen und dem Menschen mit erstklassigem Charakter gegenübertreten.

Jassrah, geb. 1981, von Mansul a.d. Jaszirah, mehrfach erfolgreich auf Schauen. Z. u. B.: Gestüt am Saalegrund, A. u. W. Koch.
Foto: Irina Filsinger

Jarikah, geb. 1985, von Mansul a.d. Jaszirah, mehrfach erfolgreich auf Schauen vorgestellt. Z. u. B.: A. u. W. Koch, Gestüt am Saalegrund.

Foto: Irina Filsinger

Maymoon

Foto: Irina Filsinger

Außergewöhnlicher Vererber

Einer der international gefragtesten und geachteten Spitzenhengste war der rein ägyptisch gezogene Schimmelhengst Maymoon, gezogen und bis zu seinem Tod 1986 im Besitz der Familie Filsinger, Gestüt Roter Busch stehend. Durch einen tragischen Unfall Ende 1986 starb dieser außergewöhnliche Hengst und Vererber im frühen Alter von 11 Jahren.

Maymoon war eine einzigartige Pferdepersönlichkeit. Sein Ausdruck begeisterte jeden. Namhafte Züchter und Hippologen aus aller Welt zählten diesen Hengst bereits zu einem der führenden ägyptischen Vererber überhaupt.

Maymoon hatte eine bedeutsame Vergangenheit, eine große Zukunft lag noch vor ihm. Züchterisch war er ein Juwel, wie man es kaum findet; er war Nachkomme aller drei »deutschen« Nazeer-Söhne in direkter Folge: Sohn von Kaisoon, Enkel von Hadban Enzahi (durch seine Mutter Maymoonah) und Urenkel von Ghazal (durch seine Großmutter Malikah). Maymoon hatte jeweils die Vorzüge seiner bedeutenden Vorfahren mitbekommen. Er war ein imposanter Schimmelhengst, äußerst edel und typvoll, so wie man sich den klassischen Wüstenaraber vorstellt. Seine Ausstrahlung war faszinierend, er hatte jenen Hauch des Orientalen, der ihn zu etwas Besonderem machte. Seine männliche Ausstrahlung wurde vollendet in der Harmonie des Ganzen. Der elegant geformte, lange Hals, der freie Kehlgang, der edle, trockene Kopf mit den riesigen dunklen Augen — all dies war es, was diesen Hengst auszeichnete. Er war ausgesprochen harmonisch in den Proportionen, elegant in der Erscheinung, mit stolzer Aufrichtung, guter Oberlinie, schwungvollen

Protokoll:

MAYMOON

Geboren:	3.3.1975
Farbe:	Schimmel
Geschlecht:	Hengst
Stockmaß:	155 cm
Züchter:	Dr. Erwin Filsinger
Besitzer:	Frank Filsinger, Gestüt Roter Busch
Leistungen:	Beste Nachzucht

Kaisoon	Nazeer	Mansour	Gamil Manial
			Nafaa el Saghira
		Bint Samiha	Kazmeen
			Samiha
	Bint Kateefa	Sid Abouhom	El Deree
			Layla
		Kateefa	Shahloul
			Bint Rissala
Maymoonah	Hadban Enzahi	Nazeer	Mansour
			Bint Samiha
		Kamla	Sheikh el Arab
			Samha
	Malikah	Ghazal	Nazeer
			Bukra
		Malacha	El Sareei
			Moheba

Bewegungen mit jener Geschmeidigkeit, die der Reiter zu schätzen weiß. Er war ein kluger, sensibler Hengst, temperamentvoll und selbstbewußt, dabei sanftmütig und gehorsam. Maymoon besaß nicht nur eine majestätische Abstammung (Nachkomme der drei Nazeer-Söhne und der heute wohl bedeutendsten Stutenlinie der Malikah/Moheba), er verkörperte auch sein Pedigree in höchstem Maße mit seinem klassischen Typ und seiner unübertrefflichen Ausstrahlung.

Maymoon war ein Stempelhengst, der seit 1984 immer stärker als Vererber auf Schauen und Körungen hervorgetreten ist. Von seinen öffentlich ausgestellten Nachkommen in dieser Zeit errangen die meisten Siege/Reservesiege in ihren Klassen, etliche kamen zu Championatsehren (u.a. in Wien, Marseille, Cannes, Paris, Dillenburg, Aachen, Leipheim, Mindelheim, Gieboldehausen, Langen, Kranichstein). Bei der internationalen Schau in Dillenburg 1986 war Maymoon herausragender Vererber: Vater von drei Top Ten-Pferden, also den zehn besten Stuten bzw. Hengsten der Schau. Er stellte drei Klassensieger bzw. Reservesieger. Seine Tochter Zakija Bint Zareefah wurde außerdem Junioren-Champion und Asil Cup-Reservegewinnerin. Seine Tochter Zenaya Bint Zeenah wurde Top Ten und erhielt die dritthöchste Bewertung aller Jungstuten. Bei

der zentralen Araberhengstkörung stellte er 1984 mit dem großrahmigen, typvollen Nasran Ibn Maymoon (a.d. Nazeefa) einen Sieger und 1985 mit Manar (a.d. Maamounah) einen Gesamtreserve-Champion.
Maymoon vererbte seine klassischen Eigenschaften in durchschlagender Weise. Seine Kinder sind deutlich von ihm geprägt. Er besaß sowohl als Individuum wie auch als Vererber weltweit Popularität. Seine Nachzucht findet sich u.a. auch in Frankreich, Skandinavien, Israel, USA. Neben seinen zahlreichen Töchtern sind bislang acht seiner Söhne gekört. Aufgrund seiner besonderen und wertvollen Abstammung, wie auch aufgrund seiner hervorragenden, individuellen Qualitäten und seiner enormen Vererbungskraft, zählt Maymoon zu den Besten der internationalen Zucht.

Maymoon

Foto: Irina Filsinger

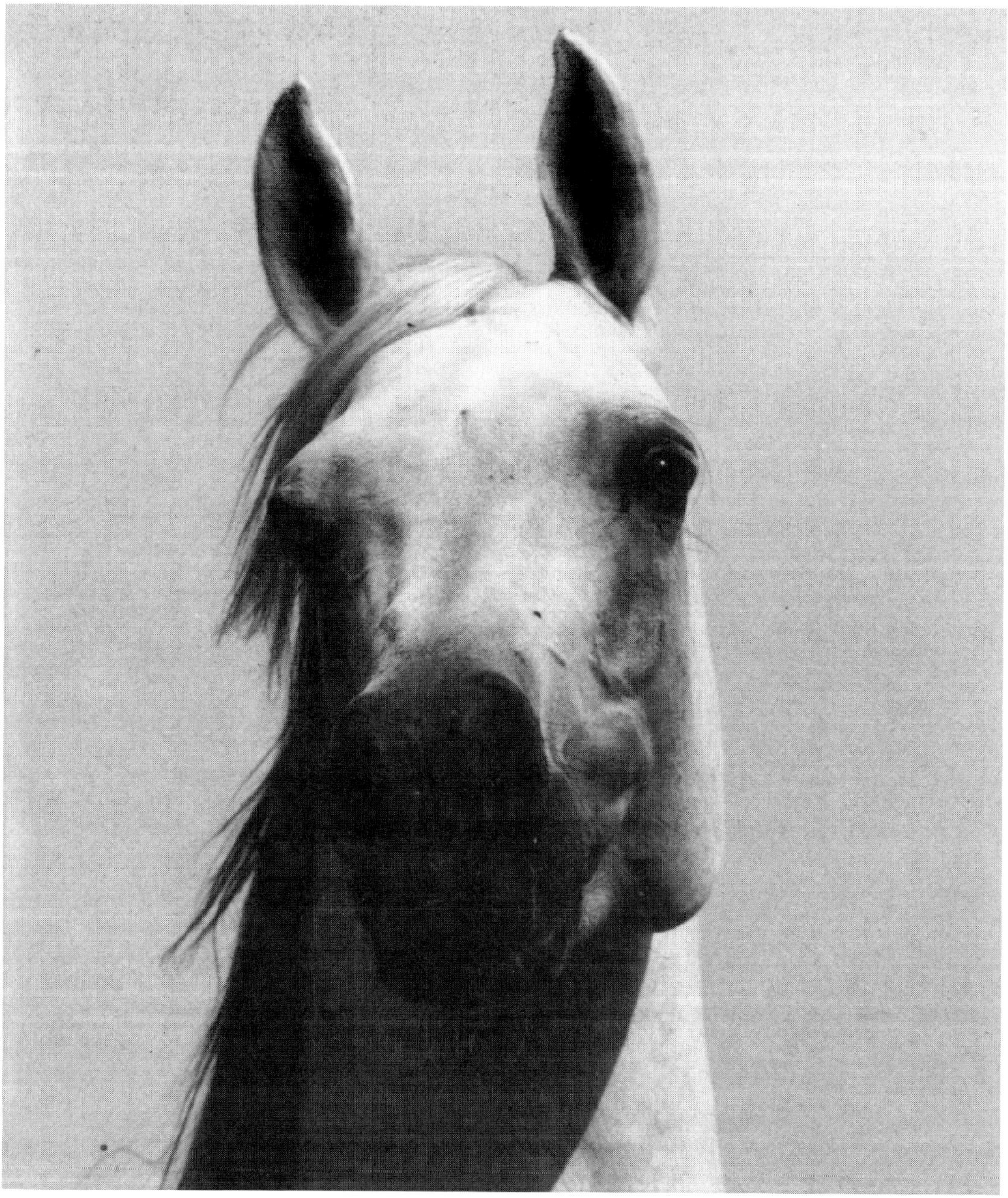

Gekörter Maymoon Sohn a.d. Nazeefa: Nasran Ibn Maymoon. Foto: Irina Filsinger

Messaoud

Foto: Irina Filsinger

Trotz vornehmer Abstammung keine Starallüren

Dr. Otto Saenger, Buchautor und Vorstand des Araber-Verbandes, schrieb zur Körung von Messaoud: »In der Prämierung erwies sich in dieser Klasse als herausragender Spitzenhengst Messaoud, ein Sohn von Madkour aus der Maymoonah, der über Morafic, Hadban Enzahi und Ghazal dreimal auf Nazeer ingezüchtet ist. Dieser Hengst, der nicht nur eine ganz besondere Typausstrahlung besitzt, sondern auch im Gangvermögen außergewöhnlichen Raumgriff zeigt und über ein korrektes Exterieur verfügt, ist auch aufgrund seiner Abstammung als züchterisch hochwertig einzuschätzen.«

Das Exterieur von Messaoud zeigt vor allen Dingen sehr viel Hengstausdruck und Männlichkeit. Diese Merkmale sind vermutlich zu einem großen Teil seiner Abstammung von dem berühmten Originalaraberhengst Nazeer zuzuschreiben. Auch weisen die ausgewogenen Proportionen, die ein geschlossenes und harmonisches Gesamtbild ergeben, auf beste arabische Abstammung hin. Das raumgreifende Gangvermögen resultiert aus der Ausgewogenheit zwischen Vorhand, Mittelhand und Hinterhand im Zusammenspiel mit einem soliden Fundament. Starke Gelenke und ein kräftiger Antritt verleihen den Bewegungen von Messaoud Dynamik und elegante Schwungkraft.

Als Vererber hat sich der 1979 geborene Messaoud bereits einen guten Namen gemacht. Seine Söhne und Töchter sind ebenfalls im In- und Ausland überdurchschnittlich hoch prämiert worden. So errangen zwei seiner Söhne in den USA hohe Prämierungen und Championate, darunter auch — und das war für einen Hengst deutscher Abstammung bisher einmalig — den Titel »Lasma-Star«.

So ausdrucksvoll und temperamentvoll Messaoud sein kann, so weiß er doch immer, was sich gehört und wie man sich als Hengst von edler Abstammung zu benehmen hat. Sein Pflichtgefühl und seine Treue zu Menschen, die ihm wohlgesonnen sind, hat der Besitzer, Dr. Dietbert Rudolph, in bester Erinnerung. An ein Erlebnis mit Messaoud erinnert sich Dr. Rudolph besonders gerne, weil es den hervorragenden

Protokoll:

MESSAOUD

Geboren:	1.4.1979
Gekört:	1.11.1981
Farbe:	Schimmel
Geschlecht:	Hengst
Stockmaß:	153,5 cm
Züchter:	Gunter Seidlitz, Am Heppenberg 10, 8752 Steinbach, Tel. (0 60 21) 4 39 96.
Besitzer:	Vollblutarabergestüt Chrymont, Erika u. Dr. Dietbert Rudolph, Brunstein, 3410 Northeim, Tel. (0 55 51) 5 36 00

Leistungen: 1981 Jugendchampion bei der Zentralen Hengstkörung in Kranichstein. 1982 Klassensieger Salon du Cherval in Paris. 1983 Klassensieger und Reservechampion in Gieboldehausen. 1984 Klassensieger und Champion in Gieboldehausen. 1985 Klassensieger, Top-Ten-Hengst, Reservechampion beim Asil-Cup in Dillenburg. 1986 Klassensieger, Top-Ten-Hengst Senior-Champion und Asil-Cup-Gewinner beim Asil-Cup in Dillenburg.

Madkour	**Morafic**	**Nazeer**	**Mansour**
			Bint Samiha
		Mabrouka	**Sid Abouhom**
			Moniet el Nefous
	Maisa	**Shahloul**	**Ibn Rabdan**
			Bint Radia
		Zareefa	**Kazmeen**
			Durra
Maymoonah	**Hadban Enzahi**	**Nazeer**	**Mansour**
			Bint Samiha
		Kamla	**Sheikh el Arab**
			Samha
	Malikah	**Ghazal**	**Nazeer**
			Bukra
		Malacha	**El Sareei**
			Moheba

Charakter und die Treuherzigkeit von Messaoud besonders unterstreicht: Gemeinsam mit seiner Frau Erika, die an diesem Tag eine Stute ritt, hat Dietbert Rudolph einen Ausflug auf dem Rücken von Messaoud in die umliegende schöne Gegend des Gestüts Chrymont unternommen.
Damit beschäftigt, die Landschaft zu genießen, übersah Rudolph ein mit Stangen kreuz und quer überdecktes Sumpfloch. Messaoud, der es als gutes Vollblutaraberpferd natürlich instinktsicher entdeckt hatte, wollte erst nicht so recht weitergehen. Sein Reiter setzte sich durch, und Messaoud gab als der Klügere nach. So stand Dr. Rudolph mitten drin im »Schlamassel«. Während er fast »ebenerdig« absteigen konnte, reichte der Morast dem Hengst bis zum Bauch. Messaoud wühlte sich heraus und trabte einige Meter weiter. Nachdem er sich geschüttelt hatte, kam er seelenruhig zurück und ließ seinen uneinsichtigen Reiter, der ihm das alles eingebrockt hatte, wieder aufsitzen.
Dr. Rudolph: »Die Stute, auf der meine Frau saß, ließ er völlig unbeachtet neben sich stehen — preußische Pflichtauffassung: Dienst ist Dienst, und Schnaps ist Schnaps!«

Malaki, geb. 1983, von Messaoud a.d. Bint Garia. Z. u. B.: Willy Fränkel, Asradam-Araber-Gestüt. Foto: Irina Filsinger

Messaoudah-M, geb. 1985, von Messaoud a.d. Madinah II. Z. u. B.: Prof. Dr. Panfter, Göttingen, errang bei den Jährlingsstuten (2. Hj.) in Gieboldehausen 1986 den 1. Platz. Foto: Irina Filsinger

Harissah, von Messaoud a.d. Hadbah. Z.: E. Escher. B.: Peppi Selva, Ganghof-Araber, Bozen. Foto: Escher

Mohafez

Foto: Irina Filsinger

Vier gekörte Söhne

»Ich bin von Kopf bis Fuß auf Pferde eingestellt, das ist meine Welt.« So könnte man, in Anlehnung an Marlene Dietrichs berühmtes Lied, in einem kurzen Satz das Leben von Dr. Hans-Joachim Nagel beschreiben. Schon 1959 packte ihn die »Arabitis«. Damals war er für eine Firma tätig, die Hühnerfarmen errichtete.

Im Rahmen dieser Tätigkeit kam er auch ins ungarische Staatsgestüt Babdua, wo die leerstehenden Pferdeställe mit Hühnern bevölkert werden sollten. Im Laufe der Zeit befreundete sich Hans-Joachim Nagel immer mehr mit dem Gestütsleiter von Babdua, Dr. Robert Burgert. Und Dr. Burgert war es auch, der Dr. Nagel mit der »Arabitis« infizierte. Er schenkte ihm die Shagya-Stute Zunea, die Nagel auf den Hof seines Bruders stellte.

Der frischgebackene Araberliebhaber fuhr nun ins ägyptische Staatsgestüt El Zahraa, die Wiege der Vollblutaraberzucht. Und von diesem Zeitpunkt an war es um Dr. Nagel geschehen. Erst vermittelte er arabische Pferde von El Zahraa nach Babdua, und 1971 begann er selbst in Deutschland auf dem Katharinenhof bei Großenkneten, diese Pferde zu züchten.

Den Hengst Mohafez erwarb Hans-Joachim Nagel fünf Jahre nach der Gestütsgründung 1976. Mit sechs Monaten wurde Mohafez von dem bekannten Zuchtbetrieb Bentwood-Farm aus den USA importiert. 1978, mit zweieinhalb

Jahren, belegte Mohafez bei der Körung in Kranichstein den dritten Platz. Mohafez entwickelte sich sehr gut. 1980 bei der Hengstleistungsprüfung in Marbach war der braune Hengst Mohafez der beste Vollblutaraber der Veranstaltung. Mohafez hat in Deutschland schon sehr viele Stuten bedeckt. Laut Dr. Nagel waren es Jahr für Jahr etwa 10 bis 15. Nagel: »Mohafez ist bekannt für seine hervorragende Nachzucht. Er hat in Deutschland vier gekörte Söhne.« Gemeint sind die teilweise heute sehr erfolgreichen Hengste von Mohafez: El Moniet, Amer, Samir und Ibn Mohafez. Mohafez hat auch sehr schöne Stuten gebracht. Hans-Joachim Nagel: »Es ist selten, daß ein Hengst gute Mutter- und Vatertiere hervorbringt. Meistens liegt das Gewicht mehr auf einem Geschlechtstyp. Bei Mohafez kann man davon ausgehen, daß er seine hervorragenden Eigenschaften sowohl an die Söhne, als auch an die Töchter weitergibt.«

Protokoll:

MOHAFEZ	
Geboren:	29.2.1976
Gekört:	14.10.1978
Farbe:	Braun
Abzeichen:	Stichelhaare in der Flanke, Stern, linker Hinterballen weiß, linker Hinterhuf gestreift
Stockmaß:	151 cm
Züchter:	Bentwood Farm, USA
Besitzer:	Dr. H.-J. Nagel, Katharinenhof, Hespenbusch, Am Gräberfeld 13, 2907 Großenkneten, Tel. (0 44 33) 558
Leistungen:	1978 Körung in Kranichstein 3. Platz, 1980 Sieger der Hengstleistungsprüfung in Marbach. Beste Nachzucht, vier gekörte Söhne (bis 1987)

Ibn Moniet el Nefous	Morafic	Nazeer	Mansour
			Bint Samiha
		Mabrouka	Sid Abouhom
			Moniet el Nefous
	Moniet el Nefous	Shahloul	Ibn Rabdan
			Bint Radia
		Wanisa	Sheik el Arab
			Madellela
Ahroufa	Ibn Fa Serr	FA Serr	Fadl
			Bint Serra I
		Fa Deene	Fadl
			Bint Serra I
	Bah Roufa	Fabah	Fadl
			Bint Bint Sabbah
		Serroufa	Fa Serr
			Maaroufa

Mohafez hat auch eine gute reiterliche Ausbildung hinter sich. Zwar ist er nicht besonders schnell, also kein Rennpferd, doch in der Dressur kann er mit manchem Warmblüter mithalten. Er ist problemlos, sehr leicht zu halten und geht hervorragend. Dr. Nagel meint augenzwinkernd: »Auch bei Anfängern und Fremden bockt er nicht und wirft keinen Reiter ab. Bisher hat er sich immer als guter Freund erwiesen und jeden zurückgebracht.«

Mohafez mit Karin Nagel, Katharinenhof in Ludwigsburg 1987. Foto: B. Kamppeter

Mohafez

Fotos: Irina Filsinger

Sameer, geb. 1983, von Mohafez a.d. Sabah, mehrfach erfolgreich auf Schauen. Z.: Dr. H.-J. Nagel. B.: C. Bischoff, Gestüt el Araby.

Nabil Ibn Nazeefa

Foto: Irina Filsinger

Eleganter Vererber mit hohen Reiteigenschaften

»Ein auffallender, hochedler, großrahmiger Hengst in herrlichem Braun, ein Reitpferd für hohe Ansprüche«. So beschrieb der Hippologe und Fachmann Dr. Frielinghaus den 1977 geborenen, rein ägyptisch gezogenen Nabil Ibn Nazeefa. Der Hengst ist im Besitz des Gestütes Roter Busch, wo er von seinem Züchter Dr. Erwin Filsinger täglich geritten wird.

Als Sohn von Farag (Morafic x Bint Kateefa) und aus der Importstute Nazeefa (Gassir x Nazic v. Morafic) führt er bestes ägyptisches Blut. So ist z.B. der derzeitige Hauptbeschäler des ägyptischen Staatsgestütes El Zahraa, der Hengst Mourad (Gassir x Mabrouka), ein Halbbruder zur Filsingerschen Nazeefa. Das wertvolle Gassir-Blut ist nur selten zu finden. Über seinen Vater Farag, dessen züchterisch führender Sohn er ist, und seine Mutter ist Nabil Ibn Nazeefa Nachkomme von Morafic. Morafic zählt in den USA und weltweit zu den wichtigsten Hengsten der ägyptischen Zucht dieses Jahrhunderts.

Nabil Ibn Nazeefa verkörpert seine Vorfahren in der ganzen Erscheinung: elegant, großrahmig, von auffallender Trockenheit und Härte; kor-

rektes Fundament und Gebäude; gute Oberlinie mit langer, gerader Kruppe; begeisternd sein langer, gut aufgesetzter Hals, das edle, typvolle Gesicht und die enorme, männliche Ausstrahlung dieses Hengstes. Er vereint in sich extremen Wüstentyp, Größe, Eleganz und höchste Leistungsfähigkeit. Bei der Hengstleistungsprüfung 1982 in Medingen war Nabil Ibn Nazeefa Reservesieger.
Seine Kinder sind geprägt von seinem eleganten Erscheinungsbild und herausragendem Typ. Seit 1984 verstärkt eingesetzt, hat er schon mit den ersten Nachkommen gutes Material gebracht, u.a. den Gesamtreserve-Champion und Jahrgangsbesten der zentralen Hengstkörung 1986, den typvollen, charmanten Mahyubi Ibn Maisa, der vor allem auch durch seine guten, geschmeidigen Bewegungen und seine enorme Ausstrahlung auffiel. Des weiteren wurden beim Asil Cup International 1985 zwei seiner Söhne ausgestellt, beide waren Top 3 ihrer Klasse, Marouf el Nabil war Siegerhengstfohlen und Top Ten bei den Hengsten. Auch die erstgeborene Tochter von Nabil Ibn Nazeefa, die sehr schöne Malikah el Dahma (a.d. Malikah) ist eine hochwertige Zuchtstute. Die beiden Töchter a.d. Importstute Zabia, beide in der leuchtend braunen Jacke ihres Vaters, überzeugen durch ihren Adel und ihre Trockenheit.

Nabil Ibn Nazeefa hatte bis 1987 26 Nachkommen, vorwiegend Jungtiere aus den letzten drei Jahrgängen, durch die er als bedeutender Hengst und Vererber immer stärker in den Vordergrund tritt. Sein bislang bekanntester Nachkomme ist der 1982 geborene Mahyubi Ibn Maisa.

Protokoll:

NABIL IBN NAZEEFA

Geboren:	14.3.1977
Farbe:	Braun
Abzeichen:	gr. St., Schnippe i. d. l. u. r. Nüs. lfd. Vf. l. unreg. w.
Geschlecht:	Hengst
Stockmaß:	157 cm
Züchter:	Dr. Erwin Filsinger, Gestüt Roter Busch
Besitzer:	Gestüt Roter Busch

Farag	**Morafic**	**Nazeer**	**Mansour**
			Bint Samiha
		Mabrouka	**Sid Abouhom**
			Moniet el Nefous
	Bint Kateefa	**Sid Abouhom**	**El Deree**
			Layla
		Kateefa	**Shahloul**
			Bint Rissala
Nazeefa	**Gassir**	**Kheir**	**Ibn Samhan**
			Badouia
		Badia	**Ibn Rabdan**
			Zareefa
	Nazic	**Morafic**	**Nazeer**
			Mabrouka
		Rashida	**El Sareei**
			Yashmak

In jüngeren Jahren verstärkt eingesetzt: Nabil Ibn Nazeefa. Foto: Irina Filsinger

In leuchtend brauner Jacke: Nabil Ibn Nazeefa.

Foto: Irina Filsinger

Nasir

Stille Wasser gründen tief

Dr. Klausmeier ist Arzt für Allgemeinmedizin und hat in Essen eine Praxis, in der auch seine Frau mitarbeitet. Und Kinder hat das Ehepaar Klausmeier natürlich auch. Da bleibt nicht viel Freizeit übrig. Doch ein Hobby hat sich das Arztehepaar über die Jahre bewahrt: das Reiten. So kamen die Klausmeiers eigentlich über die Warmblüter zu den Arabern.

Angefangen hat alles mit einem Urlaubsabstecher ins Haupt- und Landgestüt Marbach in Baden-Württemberg auf der Schwäbischen Alb. Dort haben die Klausmeiers zum ersten Mal den Hengst Nasir gesehen. Beide erkannten sofort, daß der großrahmige Hengst sicherlich auch ein gutes Reitpferd abgeben würde. Seine stolze Erscheinung und sein sanftmütiges Wesen hatten es Klausmeiers angetan: Sie verliebten sich auf der Stelle in Nasir und hätten ihn am liebsten gleich mitgenommen. Die Sache hatte nur einen Haken: Nasir war bereits vergeben.

Aber das Interesse am arabischen Pferd war nun geweckt. Das Ehepaar klapperte unermüdlich die ganze Bundesrepublik ab und sprach bei so bekannten und namhaften Züchtern wie Carl-Heinz Dömken vor. Doch der Hengst Nasir wollte ihnen nicht mehr aus dem Kopf gehen.

Also probierten sie es schließlich nochmal in Marbach und in der Tat: nach etlichen Verhandlungen kam der Kaufvertrag doch noch zustande. Wie sich Frau Klausmeier heute erinnert, hatte der Handel allerdings schon Nerven gekostet. Das schwäbisch-geruhsame Temperament, das sie sonst sehr schätzt, habe ihr, als es um den

Hengst Nasir ging, schon zugesetzt. Doch ihre Ausdauer wurde ja schließlich belohnt.
Mit Nasir haben sich Klausmeiers einen Vollblutaraber mit hervorragenden Reitqualitäten eingekauft. Und dies ist für die beiden passionierten Reiter ein wichtiges Kriterium. Mindestens zwei- bis dreimal die Woche wird Nasir geritten. Frau Klausmeier: »Nasir ist ein Leistungstyp, weniger ein Schaupferd. Und damit für uns genau das Richtige!«
Im Reitverein wundern sich die Mitglieder, wie rittig der Vollblutaraberhengst ist. Das schlägt sich natürlich auch in Erfolgen bei Reitturnieren nieder. Nasir zeigt viel Veranlagung in Klasse-L-Dressuren. Dabei kommt ihm sein gutmütiges Wesen zugute. Selbst die kleine Tochter kann ihn zum Warmlaufen am langen Zügel führen. Da kommt dann höchstens einmal ein unwilliges Kopfschütteln von Nasir. »Ein ruhiges, im Umgang sehr angenehmes Pferd«, sagt Frau Klausmeier, »das bisher in der Zucht kaum Beachtung gefunden hat.« Doch stille Wasser sind tief.

Protokoll:
NASIR

Geboren:	16.2.1978
Gekört:	1.11.1981 in Darmstadt-Kranichstein
Farbe:	Schimmel
Abzeichen:	linker Vorderhuf gestreift
Geschlecht:	Hengst
Stockmaß:	158 cm
Züchter:	Haupt- und Landgestüt Marbach
Besitzer:	Eheleute Dr. med. Wolfram Klausmeier, Kirchhellener Str. 358, 4250 Bottrop, Tel. (0 20 41) 9 40 07

Leistungen: 1981 — Körung und Anerkennung in Darmstadt-Kranichstein. 1982 — Hengstleistungsprüfung in Marbach. 1986 — Senior-Champion Schau Langenfeld. 1986 — Europa-Championat Aachen, 4. Platz. 1987 — 2. (1.) seiner Klasse, Reservechampion in Langenfeld.

Gharib	Anter	Hamdan	Ibn Rabdan
			Bint Radia
		Obeya	Mekdam
			Abla
	Souhair	Sid Abouhom	El Deree
			Layla
		Salwa	Ibn Rabdan
			Bint Rustem
Nabya	Hadban Enzahi	Nazeer	Mansour
			Bint Samiha
		Kamla	Sheikh el Arab
			Samha
	Nadja	Nazeer	Mansour
			Bint Samiha
		Nefisa	Balance
			Helwa-

Als ihn Klausmeiers 1986 in Langenfeld vorstellten, wurde er prompt Champion. Und ein Jahr später wurde er ebenfalls in Langenfeld Zweiter seiner Klasse und Reservechampion. Den Preisrichtern gefiel sein sehr schwungvoller, energischer Gang im besten Stil, sein Adel und seine Schönheit. Verleugnen muß Nasir seine Herkunft sicher nicht: er stammt von dem berühmten Hengst Gharib aus der Nabya. Klausmeiers wollen ihn nun weiter auch bei Araberschauen einsetzen, soweit es ihre Zeit zuläßt. Nasir gefällt das überhaupt nicht. Ihm, dem stillen Typ, ist das zuviel Trubel. Auf diesen Veranstaltungen ist er denn auch gelegentlich oft recht nervös und unwillig. Stille Wasser sind eben tief.

Neman

Foto: Eylers

Was für eine Nachzucht!

Den ägyptischen Zuchtlinien spricht man den Adel zu, den russischen die Leistung und den polnischen die Härte. Ein Glück, wenn ein Vollblutaraberpferd alle drei Zuchtrichtungen in seinem Blut hat. Der Hengst Neman ist so ein Glücksfall. Im Pedigree steht, woher das Blut gekommen ist: Da ist einmal die russisch-polnische Linie über den Vater von Neman, Nabeg aus Tersk, zurückzuverfolgen. Nabegs Vater ist der Hengst Arax mit polnischer Abstammung, dessen Mutter und somit die Großmutter von Neman die Stute Nomenklatura, gezogen im russischen Staatsgestüt Tersk. Die mütterliche Verwandtschaft von Neman bekommt über seine Mutter Nega, die wie sein Vater in Tersk gezogen ist, den Bezug zu Ägypten. Denn Nega wiederum ist eine Tochter des bekannten Hengstes Aswan.

Und wenn in Deutschland von Aswan die Rede ist, dann wird auch bald über das Gestüt Alemich von Hermann und Silvia Garde-Ehlert gesprochen. Denn der gesamte Gestütsbestand ist fast ausschließlich in der Vaterlinie auf den bedeutenden ägyptischen Nazeer-Sohn Aswan aufgebaut.

Auf der anderen Seite finden sich fast nur Blutlinien russischer oder, wie bei Neman, auch polnischer Abstammung. Der Hengst Neman wurde 1977 aus Tersk importiert und nahm noch im gleichen Jahr an der Hengstkörung in Darmstadt-Kranichstein erfolgreich teil. Bevor Neman bereits viereinhalbjährig nach Deutschland kam, war er im russischen Staatsgestüt Tersk Elitehengst. Und das ist nicht nur irgendeine Bezeichnung. Nach Silvia Garde-Ehlert legen die Russen einen sehr hohen Maßstab an: »Da muß alles stimmen: Abstammung, Maße, Leistungsfähigkeit.«

Seine Leistungsfähigkeit hat Neman schon als zweijähriger Hengst unter Beweis gestellt. Auf der Pferderennbahn von Piatigorsk, auf der auf gleiche Distanzen wie bei englischen Vollblütern geritten werden, zeigte der Hengst sehr gute Rennleistungen.

Inzwischen ist Neman 14 Jahre alt und »hochdekoriert«. Ebenso erfolgreich ist seine Nachzucht. Neman hat Nachkommen in sechs europäischen Ländern, in den USA, Kanada und Brasilien. Er hat mehrere nationale und internationale Champions hervorgebracht. Seine Kinder werden zu Höchstpreisen gehandelt. So wurde seine Tochter Natani 1986 für 135 000 Dollar in den USA verkauft.

Protokoll:

NEMAN	
Geboren:	4.1.1973
Gekört:	1977
Farbe:	Braun
Abzeichen:	Strichblesse bis zwischen beide Nüstern, Utl. w., linker Vorderfuß weiß, bd. Hf. hochw., r. Vorderhuf dunkel, 3 helle Hufe
Geschlecht:	Hengst
Stockmaß:	148 cm
Züchter:	Staatsgestüt Tersk, UdSSR
Besitzer:	Gestüt Gut Alemich, Hermann u. Silvia Garde-Ehlert, 5063 Overath-Marialinden, Dahler Str. 51, Tel. (0 22 06) 23 23
Leistungen:	1978 Hengstleistungsprüfung in Medingen. Beste Nachzucht.

Nabeg	**Arax**	**Amurath Sahib**	**35. Amurath II**
			Sahiba
		Angara	**Wielki Szlem**
			Brda
	Nomenklatura	**Naseem**	**Sokwronek**
			Nasra
		Mammona	**Ofir**
			Krucica
Nega	**Aswan**	**Nazeer**	**Mansour**
			Bint Samiha
		Yosreia	**Sheikh el Arab**
			Hind
	Neposeda	**Priboj**	**Piolun**
			Rissalma
		Nomenklatura	**Naseem**
			Mammona

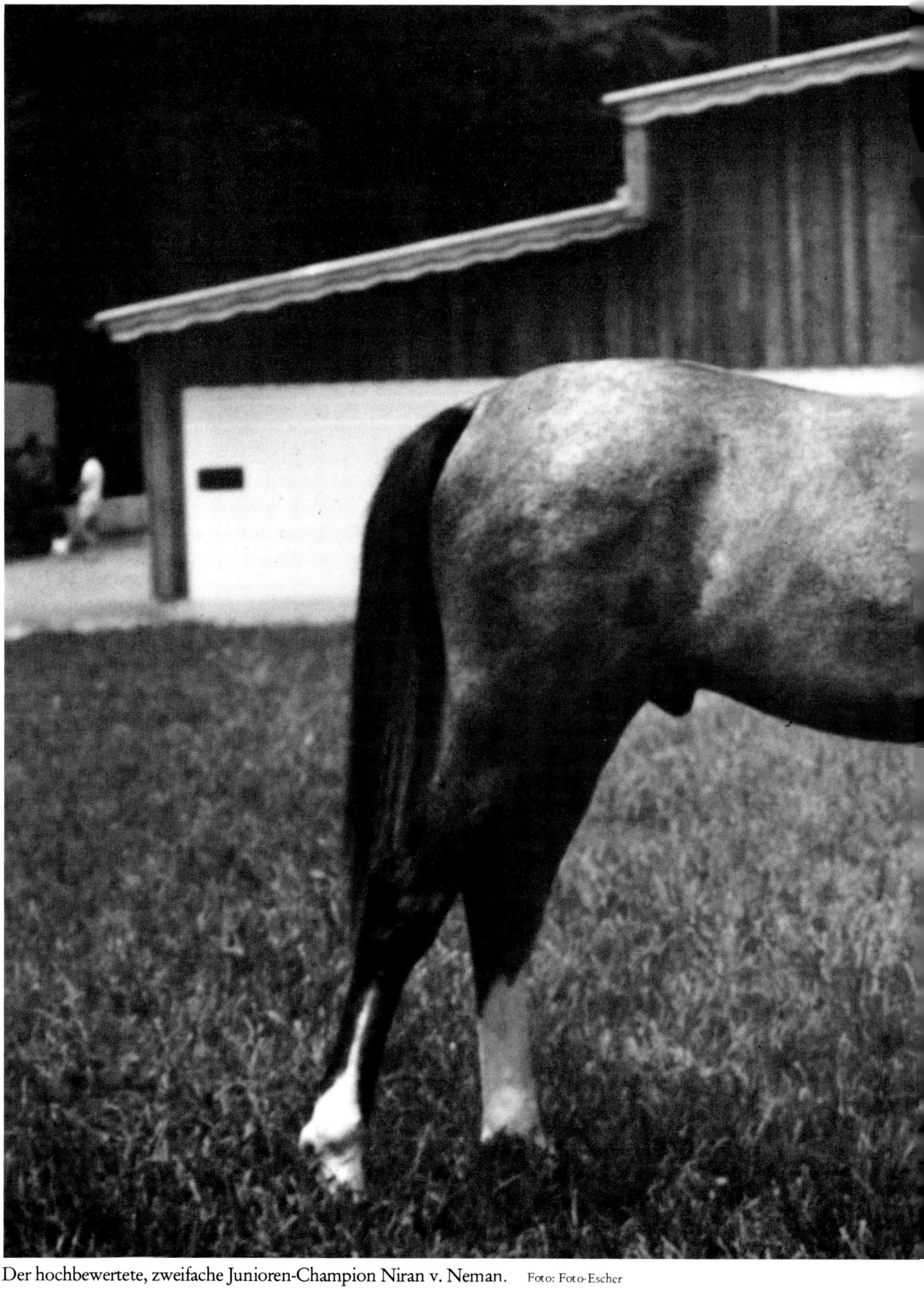

Der hochbewertete, zweifache Junioren-Champion Niran v. Neman. Foto: Foto-Escher

Shaker el Masri

Edler Wüstensohn aus dem Morgenland

Ein Tag im Jahr 1978 war ein sehr trauriges Datum auf dem Gestüt Om el Arab im Schwarzwald. An diesem Tag verunglückte der Vollblutaraberhengst Shaker el Masri tödlich. Einmal zu heftig hatte er sein feuriges Temperament und seine Energie, die ihm im rein-arabischen Blut lagen, gezeigt. Er stieg hoch, hat sich überschlagen und ist dann sehr unglücklich auf den Rücken gefallen. Kurz darauf starb der edle Hengst in der staatlichen Tierklinik in Freiburg.
Für Sigrid und Heinz-Rüdiger Merz, die Besitzer, war das ein schwerer Verlust. Mit Shaker el Masri hatten sie ihren bedeutendsten originalarabischen Zuchthengst verloren, der das Gestüt Om el Arab in den Gründerjahren mit aufgebaut hat. 1971 importierte Rüdiger Merz Shaker el Masri von Ägypten, der 1963 geboren, im Staatsgestüt El Zahraa aufgezüchtet wurde.
Zunächst war der Hengst auf Hof Wannental bei Balingen untergebracht. 1973 zog der Vater von Sigrid Merz, Franz Siller mit seinen Vollblutarabern Laos, Dindara, Tunanta, Paolo, Coca-Cola und Dolora vom Schwarzwald nach Rastatt um. Das Ehepaar Merz übernahm den sehr schön im Schwarzwald gelegenen Hof und gründete das Gestüt Om el Arab. Es zählte bald zu den bedeutendsten Gestüten in der Bundesrepublik Deutschland und in Europa. Das war mit ein Verdienst des herrlichen Vollblutaraberhengstes Shaker el Masri. Landgestütsmeister Bilke hat einmal gesagt: »Der Vollblutaraber ist eine wundervolle Vereinigung von Atmungs-

und Muskeltyp und gilt seit je als Symbol des Leistungspferdes und der Schönheit in der Pferdewelt. Mit Recht verlangt man in der Pferdezucht, wie überhaupt in der Tierzucht, daß ein Vatertier betont männlich aussehen soll. Im Ausdruck des Geschlechtscharakters steht der Araber, Hengst wie Stute, obenan«.
Shaker el Masri verkörperte in nahezu idealer Weise den typischen Hengst: Edler Wüstentyp mit überragendem Gesichts- und Hengstausdruck. Weiterhin hatte Shaker el Masri eine gute Oberlinie und eine sehr gute Schulter. Er hatte einen guten Schritt und einen energischen Trab. Shaker el Masri beeinflußte in nur sieben Deckjahren die deutsche Vollblutaraberzucht nachhaltig. Er war einer der erfolgreichsten ägyptischen Vererberhengste und hatte sehr bedeutende Nachkommen. Als berühmtester ist hier wohl der Hengst El Shaklan aus der Estopa zu nennen.

Protokoll:

SHAKER EL MASRI

Geboren:	20.5.1963, 1978 gestorben
Farbe:	Fuchs
Geschlecht:	Hengst
Stockmaß:	150 cm
Züchter:	Staatsgestüt El Zahraa, Ägypten
Besitzer:	Sigrid und Heinz-Rüdiger Merz, Gestüt Om el Arab, 7233 Lauterbach, Tel. (0 74 22) 46 80
Abzeichen:	Keilblesse, große, auf Oberlippe reichende Schnippe, beide Vorderfesseln weiß, rechter Huf dunkel, 3 helle Hufe
Leistungen:	Beste Nachzucht

Morafic	**Nazeer**	**Mansour**	**Gamil Manial**	**Saklawi II** **Dalal**
			Nafaa El Saghira	**Meanagi Sebili** **Nafaa El Kebera**
		Bint Samiha	**Kazmeen**	**Sotam** **Kasima**
			Samiha	**Samhan** **Bint Hadba El Saghira**
	Mabrouka	**Sid Abouhom**	**El Dere**	**aus dem königl.** **Gestüt Khassa**
			Layla	**Ibn Rabdan** **Bint Sabah**
		Moniet El Nefous	**Shahloul**	**Ibn Rabdan** **Bint Radia**
			Wanisa	**Sheikh El Arab** **Medallela**
Zebeda	**El Sareei**	**Shahloul**	**Ibn Rabdan**	**Rabdan** **Bint Gamila**
			Bint Radia	**Mabrouk Manial** **Radia**
		Zareefa	**Kazmeen**	**Sotam** **Kasima**
			Durra	**Saadoun** **Dalal**
	Galila	**Sid Abouhom**	**El Dere**	**aus dem königl.** **Gestüt Khassa**
			Layla	**Ibn Rabdan** **Bint Sabah**
		Rouda	**Sheikh El Arab**	**Mansour** **Bint Sabah**
			Fasiha	**Awad** **Hind**

Estara, geb. 1978, von Shaker el Masri, belegte in Aachen 1987 einen 1. Platz bei den 7- bis 10jährigen Stuten. Z. u. B.: H. R. Merz, Gestüt Om el Arab.

Fotos: Irina Filsinger

Ibn Estopa von Shaker el Masri a.d. Estopa. Z. u. B.: Om el Arab.

Auf dem Asil Cup 1985 siegreich mit einem 1. Platz bei den 7jährigen und älteren Stuten dabei. Munja, geb. 1978, von Shaker el Masri a.d. Mastura. Z.: G. Franckzügel. B.: Dr. G. Neumaier. Foto: Irina Filsinger

Sherif Pasha

Foto: Irina Filsinger

Ein erfolgreicher Jungstar mit hoffnungsvollen Aussichten

Das hatten die Gäste des hochnoblen Hotels im Schwarzwald sicher noch nie gesehen: Da standen Züchter und Freunde des Arabischen Pferdes in der Hotelhalle Spalier und warteten auf den Star — auf ein Pferd. Aber auf was für eins! Der Fuchshengst Sherif Pasha betrat schließlich die vornehmen Räumlichkeiten. Doch er zeigte sich ob solcher Noblesse sichtlich völlig unbeeindruckt.

Schließlich ist er ja von edelstem arabischen Geblüt mit einem Vater namens Ansata Abbas Pasha und einer Mutter, die auf den Namen Sabah hört. Anlaß für den großen Auftritt war es, den frischgebackenen Welt-Champion Sherif Pasha zu feiern. Auf dem Salon du Cheval 1985 hatte der 1982 geborene Vollblutaraberhengst abgeräumt. Die Pferdeschau in Paris wurde zum Triumphzug des dreieinhalbjährigen Hengstes: Sherif Pasha wurde in seiner Klasse Sieger von Paris, er gewann das Internationale Championat, und er wurde Welt-Champion der Junioren. Dann traten in Paris nochmal die Welt-Champions in Konkurrenz. Der Welt-Senior-Champion Camarguee gegen den Welt-Junior-Champion She-

rif Pasha. Es ging um einen historischen Sattel, der als Geschenk des Königs von Marokko überreicht werden sollte.
Der Jury fiel die Entscheidung sichtlich schwer: Es wurde lange verhandelt und diskutiert. Schließlich durfte Sherif Pasha zu allen Ehrungen und Titeln obendrein noch den marokkanischen Sattel mit ins heimische Gestüt Dobel im Schwarzwald nehmen.
Gekört wurde Sherif Pasha ein Jahr vor dem Salon du Cheval bei der Zentralen Araberhengstkörung in Darmstadt-Kranichstein. Insgesamt stellten sich 80 Vollblutaraber der Körkommission, darunter acht Zweieinhalbjährige. Von diesen acht wurden sechs gekört, und drei kamen in die Prämierung. Der Sieger dieser Altersklasse wurde der rein ägyptisch gezogene Fuchshengst Sherif Pasha.

Der junge Hengst, der in frühen Jahren schon so außerordentliche Erfolge feiern konnte, wurde von Dr. Nagel, Großenkneten aufgezüchtet. Er befindet sich im Besitz von Ursula Poth, Gestüt

Protokoll:

SHERIF PASHA

Geboren:	26.4.1982
Gekört:	20./21.10. 1984 in Kranichstein
Farbe:	Fuchs
Abzeichen:	unregelm. Stern, lk. Vrdf. unregelm. w., Huf hell, h. lk. Krone u. Ballen w., Huf gestr. h. re. Kronenrand innen w., Huf gestr., ein dkl. Huf re. vorn
Geschlecht:	Hengst
Stockmaß:	149,5 cm
Züchter:	Dr. H. J. Nagel, Gestüt Katharinenhof, 2907 Großenkneten
Besitzer:	Ursula Poth, Araber-Gestüt Dobel, 7544 Dobel/Schwarzwald

Leistung: 1984: Körung und Anerkennung in Darmstadt-Kranichstein, Siegerhengst der zweijährigen Junghengste sowie Reservesieger der Körung 1984. 1985: Salon du Cheval, Paris; Sieger seiner Altersklasse, Internationaler Junioren-Champion von Paris, Welt-Champion und »Best of the show«.

Abbas Pasha	**Ansata Ibn Halima**	**Nazeer**	**Mansour**	**Gamil Manial**
				Nafaa el Saghira
			Bint Samiha	**Kazmeen**
				Samiha I
		Halima	**Sheikh el Arab**	**Mansour**
				Bint Sabah
			Ragia	**Ibn Rabdan**
				Farida
	Ansata Bint Mabrouka	**Nazeer**	**Mansour**	**Gamil Manial**
				Nafaa el Saghira
			Bint Samiha	**Kazmeen**
				Samiha I
		Mabrouka	**Sid Abouhom**	**El Deree**
				Layla
			Moniet el Nefous	**Shahloul**
				Wanisa
Sabah	**Ibn Galal**	**Galal**	**Nazeer**	**Mansour**
				Bint Samiha
			Farasha	**Sid Abouhom**
				Yosreia
		Mohga	**El Sareei**	**Shahloul**
				Zareefa
			Yosreia	**Sheikh el Arab**
				Hind
	Mahiba	**Alaa El Din**	**Nazeer**	**Mansour**
				Bint Samiha
			Kateefa	**Shahloul**
				Bint Rissala
		Mouna	**Sid Abouhom**	**El Deree**
				Layla
			Montiet el Nefous	**Shahloul**
				Wanisa

Sherif Pasha, Ludwigsburg 1987

Foto: C. Kugler

Dobel, Schwarzwald. Diese Vollblutaraber-Zuchtstätte ist untrennbar verbunden mit dem Namen eines sehr berühmten Vererberhengstes: Ibn Galal. Der in El Zahraa im ägyptischen Staatsgestüt gezogene Ibn Galal verhalf dem damals noch jungen Gestüt zu einem züchterischen Gesicht. Und zu was für einem: Er war es, der für die Familie Poth den Weg durch das Dickicht züchterischer Erfahrung bahnte, bis zu einer Lichtung des Erfolgs, auf der heute internationale Klasse blüht. Doch Ibn Galal ist tot. Unerwartet starb er 1983 im Alter von 17 Jahren. Dem Gestüt Poth hat der berühmte Hengst seinen Stempel aufgedrückt. Jedes Pferd, das sein Blut in den Adern führt, erinnert an diesen großartigen Vererber, der 1977 über Babolna nach Dobel kam. So ist es auch bei Sherif Pasha: Korrekt im Fundament, langlinig und mit viel Gurtentiefe bewegt er sich schwungvoll über die Weiden des heimatlichen Gestüts und weckt dabei Erinnerungen an seinen Großvater Ibn Galal. Doch nicht nur die Exterieurbewertung allein ist ausschlaggebend, auch Leistung zählt. Für Sherif Pasha kein Problem: 1986 wurde der Hengst Dritter aller geprüften Hengste der Hengstleistungsprüfung in Marbach. Mit knappem Abstand lagen nur zwei Söhne des Warmblüters Ramin vor ihm. 16 weitere Hengste ließ Sherif Pasha in inzwischen schon gewohnter Siegermanier hinter sich. Nun darf man gespannt sein, was dieser junge Superstar noch alles an züchterischer Leistung vorweisen wird.

Sheika Bint Pasha, geb. 1986, von Sherif Pasha a.d. Sheika v. Ibn Galal. Z. u. B.: Araber-Gestüt-Dobel, Ursula Poth.

Wisznu

Mitbegründer der deutschen Arabervollblut-Zucht

Ein Vagabund mit erstklassiger Herkunft — so könnte man den hochedlen Hengst Wisznu, der 1943 im polnischen Gestüt Mlynow-Olyka das Licht der Welt erblickte, nennen. Dort wurde der vielversprechende Sohn des Witez II und der Malaga auch aufgezüchtet.

In den Kriegswirren von 1945 kam der Hengst auf unbekannten Wegen, vermutlich mit dem Flüchtlingsstrom, nach Westdeutschland, und — wie es sich für einen richtigen Vagabunden gehört, landete Wisznu auch bald beim Zirkus, genauer beim »Circus Apollo«. Dort entdeckte ihn 1946 auch die Pferdekennerin Lieselotte Tarakus und vermittelte ihn an Gertraute Griesbach weiter.

Frau Griesbach hat nach dem Krieg großen Anteil an der Fortführung der Vollblutaraberzucht in Deutschland gehabt. Schon kurz nach Kriegsende begann sie ihr Gestüt Achental, das sie 1943 mit Lipizzanern gegründet hatte, weiter auszubauen. Dazu holte Frau Griesbach die Vollblutaraberstuten Khabitha, Khema und Comtesse, um nur einige zu nennen, aus dem Gestüt Babolna in Ungarn. Als Hengste benutzte sie zunächst Halef und das »Zirkuspferd« Wisznu.

Dieser Hengst sollte bald seine Qualitäten zeigen. So beschreibt ihn Landgestütsmeister Bilke folgendermaßen: »Der ungewöhnlich drahtige, glänzende Rotbraune war der Inbegriff von Araberfeuer und Ruhe zugleich. Ritten ihn Frauen, Kinder oder einmal ein bevorzugter Gast, dann war er der angenehme, ruhige Reithengst; bewegten sich in der Nähe seiner Box oder Koppel hingegen irgendwelche Stuten oder andere Pferde, dann sprühte er vor Temperament, sein Feuerauge glühte, und rot leuchteten die Nüstern, und in diesen Momenten war er das vollendete Bild eines Vollblutarabers«.

Protokoll:

WISZNU

Geboren:	1943
Gekört:	20.2.1953
Farbe:	Braun
Abzeichen:	Kl. Stern, beide Vorderfesseln gefl. weiß, hinten gestr. Hufe
Geschlecht:	Hengst
Stockmaß:	153 cm
Züchter:	Arabergestüt Olyka, Polen
Besitzer:	Tierpark Ströhen, 2428 Wagenfeld
Leistungen:	Beste Nachzucht

Witez II	Ofir	Kuhailan Haifi	Kuhailan Kharas	—
				—
			Kuhailan Haifa	—
				—
		Dziwa	Abu Mlech	Mlech I
				Lania
			Zulejma	Kohejlan
				Pomponia
	Federacja	Burgas	Obejan Szerrak	—
				—
			Seglavi	—
				—
		Koalicja	Koheilan IV	Koheilan II
				O'Bajan
			Radautz	Amurath ox
				Malta
Malaga	Mazepa II	Mazepa	Achmet Ejub	Ezrak Seglavi
				Pusta
			Delia	Rymnik
				Galicja
		Hajduczka	Krzyzyk I	Krzyzyk
				Zulejma II
			Dagmara	Krzyzyk
				Dagmara
	Hebda	Hermit	—	—
				—
			—	—
				—
		Amurath	Amurath ox	Tajar
				Koheil III
			Odysseja	Koheilan Dzidran
				Eureka

Kein Wunder, daß die Aachentaler Zucht durch diesen einmaligen Hengst geprägt wurde.

1964 gab Frau Griesbach ihr Gestüt in Deutschland auf, um mit ihrer Tochter Irmelin in Argentinien eine Zucht aufzubauen. Viele Pferde, darunter auch Wisznu wurden damals vom Tierpark Ströhen übernommen.

Durch seine Nachzucht, die in vielen Zuchten das edle Blut von Wisznu weitervererbt, ist dieser Hengst von einer sehr großen Bedeutung für die heutige Vollblutaraberzucht in der Bundesrepublik Deutschland. Ein Beispiel ist sein letzter, jetzt noch in der Zucht stehende Sohn Sawih Ibn Wisznu aus der Stute Sabine. Sawih ist Beschäler im Gestüt Kunth. In diesem Gestüt, seinem letzten Standort, starb auch der Vater, Wisznu. Er war ein Vollblutaraberhengst, wie er im Buche steht: Rassig, im Wüstentyp mit einem überaus typischen und ausdrucksvollen arabischen Hengstkopf. Ein feuriges Hengstauge und ein langer, hochaufgesetzter Hals, der in einen hohen Widerrist und einen festen Rücken übergeht, taten ein übriges, um Wisznu seinerzeit zu einem hervorragenden Typvererber und Veredler zu machen. Wisznu ist 1968 eingegangen.

Sawih Ibn Wisznu

Foto: Foto-Escher

Sawih Ibn Wisznu

Foto: Foto-Escher

Foto: van Lent

Manaya v. Madkour a.d. Maisa. Kauber Platte Araber Gestüt, Heiner Buschfort, 5425 Kaub.

Saemah

Vollblut-Araber Stuten

Stuten des Vollblutarabergestüts von Kameke: v.l.n.r.: Wiglawia, Wilja, Werla, Wigha, Mamsahi

Dhabah

Foto: Gundel Stetza

Ein Schatz aus Südamerika

»Ein Schiff wird kommen . . .«, summte das Ehepaar Ingrid und Jürgen Schulz am 10. Mai 1972 im Hamburger Hafen am Kai. Und das Schiff kam auch — aus Argentinien. An Bord war die Vollblutaraberstute Dhabah, die auf einem argentinischen Gestüt mit vertrautem Namen aufgezüchtet worden war: Achental. Schulzens hatten die Stute von Irmelin Griesbach erworben, der Tochter der bekannten Züchterin Gertraute Griesbach, die von dem bayerischen Achental aus nach Südamerika gezogen war, um sich dort wiederum ihrer alten Leidenschaft, der Vollblutaraberzucht, zu widmen. Nun kamen die Früchte der Zucht in Gestalt von Dhabah zurück nach Deutschland.

Es war die erste Vollblutaraberstute, die Ingrid und Jürgen Schulz erwarben. Mit ihr wollten sie eine eigene Zucht aufbauen. Auf die Frage, warum man dazu von so weit her eine Zuchtstute transportieren müsse, antwortete Ingrid Schulz klipp und klar: »In jener Zeit waren qualitätsvolle Stuten zum Aufbau eines Vollblutarabergestüts Mangelware. Also blieb uns gar nichts anderes übrig als auch außerhalb Deutschlands nach einem geeigneten Pferd Ausschau zu halten. Mit der Stute Dhabah haben wir gefunden, was wir damals gesucht hatten.«

Dhabah wurde 1969 geboren und entstammt der alten Achentaler Stutenfamilie, die auf Mu-

rana I zurückgeht. Ihre Großmutter Jowiszah nannte der Landgestütsmeister Bilke einmal »die schönste Perle der Wisznu-Töchter«.
Mit dem Erwerb der Wisznu-Enkelin Dhabah begann das Ehepaar Schulz im Jahre 1972 in dem kleinen Heidedorf Wieckenberg die Zucht arabischer Vollblüter. Dhabah wurde die erfolgreichste Stammstute des kleinen Gestüts. Sie erfüllte alle in sie gesetzten Hoffnungen. In 14 Zuchtjahren brachte sie 12 Fohlen, meistens Hengste. Bislang erhielten vier ihrer Söhne das Prädikat »gekört«. Einer von ihnen, der Nazir-Sohn Dhaly, ist ein Hengst von außergewöhnlichem Typ und großer Ausstrahlung, Eigenschaften, die er neben seinem korrekten Fundament und seinem großen Rahmen auch seiner Nachzucht mitgibt. Dhaly steht heute noch im Gestüt.

Protokoll:

DHABAH

Geboren:	21.10.1969
Farbe:	Fuchs
Abzeichen:	rhombusförmige St., r. Htf. gefl. w., l. Htf. gefl. halb w.
Geschlecht:	Stute
Stockmaß:	147 cm
Züchter:	Gestüt Achental, Gertraute Griesbach, Argeninien
Besitzer:	Vollblutarabergestüt Eichenhof, An der Örtze 5, Ingrid u. Jürgen Schulz, 3101 Wolthausen/Celle, Tel. (0 51 43) 88 25
Leistungen:	Beste Nachzucht, vier gekörte Söhne

Kassam	**Wisznu**	**Witez II**	**Ofir**	**Kuhailan Haifi**
				Dziwa
			Federacja	**Burgas**
				Koalicja
		Malaga	**Mazepa II**	**Mazepa**
				Hajduczka
			Hebda	**Hermit**
				Amurath
	Kassandra	**Halef**	**Enwer Bey**	**Abu Mlech**
				Koalicja
			Kasztelanka	**Koheilan I**
				Bialogrodka
		Khabitha	**Kuhaylan Zaid**	**Kuhaylan Abu Junub**
				Kuhaylan Al Ziyadah
			Kemir	**Kemir I**
				Koheilan IV
Jobiah	**Bibars**	**Witraz**	**Ofir**	**Kuhailan Haifi**
				Dziwa
			Makata	**Fetysz**
				Gazella II
		Bojkena	**Gabor**	**Kuhaylan Abu Urkub**
				Koheijlanka
			Bojazn	**Kuhaylan Zaid**
				Koheilan IV
	Jowiszah	**Wisznu**	**Witez II**	**Ofir**
				Federacja
			Malaga	**Mazepa II**
				Hebda
		Joschi	**Halef**	**Enwer Bey**
				Kasztelanka
			Jacaranda	**Jasir**
				Caesarea

Ein weiterer erfolgreicher Nachkomme der Dhabah ist der Hengst Dajan. Und bei den Stuten stehen zwei Dhabah-Töchter heute ebenfalls im Schulz'schen Gestüt.
Das liegt inzwischen nicht mehr in Wieckenberg, sondern bei Wolthausen/Celle. Nicht zuletzt der Fruchtbarkeit ihrer Stammstute ist es zu verdanken, daß sich die Züchter Schulz vergrößern mußten. Sie erwarben ein altes niedersächsisches Bauernhaus auf einem großen Anwesen. Ingrid und Jürgen Schulz betreiben ihre Zucht nicht aus kommerziellen Gründen, sondern aus Liebe zum arabischen Pferd. Der ständige persönliche Kontakt mit den Pferden ergibt sich schon dadurch, daß man auf dem Gestüt Eichenhof mit den Tieren unter einem Dach lebt. Auf bestmögliche Aufzucht, Pflege und Behandlung der Pferde wird besonderer Wert gelegt. Das läßt sich nur verwirklichen, wenn der Pferdebestand eine bestimmte Anzahl nicht übersteigt. Der Bestand hat sich bei etwa 15 Pferden eingependelt. Dhabah ist die Leitstute der kleinen Gestütsherde. Mit ihren 18 Jahren steht sie ihren teilweise um zehn Jahre jüngeren Töchtern in Aussehen, Temperament und Frische in keiner Weise nach. Auch ihr Charakter ist vorbildlich.
Ingrid Schulz: »Nie würde sich Dhabah dem Menschen gegenüber rücksichtslos oder egoistisch verhalten, sondern sie bewahrt in jeder Situation Anstand. Sie verkörpert das Ideal einer arabischen Stute.«

Der typvolle Dhaly aus der Dhabah von Nazir — Foto: Gundel Stetza

Dhalia von Ibn Galal aus der Dhabah Foto: Gundel Stetza

El Aziza

Foto: B. Kamppeter

Eine große, alte Dame

Schon im Schulalter lernte Erika Rudolph nicht nur rechnen und schreiben, sondern auch reiten. Und mit zehn Jahren bekam sie das Buch »König des Windes«, das die Geschichte des Godolphin Arabian schildert, in die Hände.
Seitdem ist Erika Rudolph vom arabischen Pferd hingerissen. Damals schon war ihr sehnlichster Wunsch, einmal einen Vollblutaraber ihr eigen nennen zu dürfen.
Nach einigen Jahren fiel ihr dann ein Bericht über das berühmte Gestüt Achental beim Chiemsee in die Hände. Ohne das Wissen ihrer

Eltern, nur den Bernhardiner als Begleitschutz dabei, reiste das Mädchen nach Bayern ins Gestüt Achental, das von Gertraute Griesbach geführt wurde. Freilich, die Großmutter von Erika Rudolph war eingeweiht. Und mit ihrer Unterstützung wurde der Traum vom eigenen Vollblutaraber wahr: die junge Pferdenärrin kaufte damals den Hengstjährling Kajal. Die Großmutter bezahlte, die Eltern schimpften, das Mädchen war glücklich.

Endlich hatte sie ihr Traumpferd. Leider verunglückte Kajal bei einem Verkehrsunfall tödlich. Erika Rudolph hat, nachdem sie den Schmerz über den Verlust überwunden hatte, lange nach einem Ersatz für Kajal gesucht und wurde nicht so recht fündig. Schließlich kam ihr der Gedanke, sich selbst den Vollblutaraber ihrer Vorstellung zu züchten. So entstand das Gestüt Chrymont, das heute von Erika Rudolph gemeinsam mit ihrem Mann Dr. Dietbert Rudolph erfolgreich geführt wird.

Eine hervorragende Zuchtlinie wurde mit der Schimmelstute El Aziza aufgebaut. Im ägyptischen Gestüt Badeia Stables ist El Aziza geboren und aufgewachsen. Dr. Rudolph: »El Aziza hat edelstes Blut der Koheilanlinie in den Adern. Eine Blutlinie, deren Erhaltung und Fortsetzung schon Mohammed Ali zu Beginn des vorigen Jahrhunderts am Herzen lag.« El Aziza stammt väterlicherseits von dem Kheir-Sohn Gassir ab. Die Mutter Zabia ist eine Tochter von Adham aus der Ghazala I.

1958 in Ägypten geboren, kam El Aziza 1971 erst in das ungarische Gestüt Babdua und später von dort aus in die Bundesrepublik Deutschland. Besonders hervorzuheben sind ihre Söhne Kar Ibn Galal und Ibn Galal-5, die sie 1974 und 1975 von Ibn Galal bekommen hat. Beide belegten auf der gleichen Hengstleistungsprüfung den ersten und den zweiten Platz und gelten als bedeutende Zuchthengste in Deutschland.

Schon in Babdua gingen sie zusammen im berühmten Fünferzug, der auch auf internationalen Schauen präsentiert wurde. Ihre Mutter El Aziza kam 1977 endgültig nach Deutschland und kam nach zwei Besitzerwechseln schließlich 1978 auf das Rudolph'sche Gestüt Chrymont.

Bis auf eine unfallbedingte Ausnahme brachte sie seit 1979 Jahr für Jahr ein Fohlen. Erika Rudolph, die nach wie vor die herrlichen Vollblutaraberpferde liebt, sagt stolz: »El Aziza ist eine große alte Dame, die unsere ganze Aufmerksamkeit verdient. Nicht nur für unsere Zucht hat El Aziza sehr viel gebracht. Ihre Nachkommen stehen heute überall in Deutschland und den USA.«

Gassir	**Kheir**	**Ibn Samhan**	**Samhan**
			Nafaa el Saghira
		Badaouia	**—**
			—
	Badia	**Ibn Rabdan**	**Rabdan**
			Bint Gamila
		Zareefa	**Kazmeen**
			Durra
Zabia	**Adham**	**Ibn Fayda**	**Ibn Rabdan**
			Fayda
		Zahra	**Gamil Manial**
			Negma
	Ghazala I	**El Moez**	**Ibn Fayda**
			Bint Zareefa
		El Zahraa	**Rashid**
			Zahra

Protokoll:

EL AZIZA
Geboren: 23. 6. 1958
Farbe: Schimmel
Abzeichen: keine
Geschlecht: Stute
Stockmaß: 149 cm
Züchter: Badeia Stables
Besitzer: Gestüt Chrymont, Erika u. Dr. Dietbert Rudolph, Brunstein 2, 3410 Northeim, Tel. (0 55 51) 5 36 00
Leistungen: Beste Nachzucht

Estopa

Die spanische Diva

Heinz-Rüdiger Merz ist ein Mann, der weiß was er will. Nach einem Reitkursus im Haupt- und Landgestüt Marbach auf der Schwäbischen Alb wollte er zunächst heiraten. Und zwar eine Mitteilnehmerin, Sigrid Siller, die ebenso vernarrt in Araberblut war und ist wie ihr späterer Mann. Jetzt fehlte Heinz-Rüdiger Merz nur noch eins zu seinem Glück: Ein Arabergestüt. Das junge Ehepaar arbeitete hart und fleißig. Die Früchte ihrer Arbeit konnten die beiden schließlich 1970 in Empfang nehmen. Durch Vermittlung von Erika Schiele, der bekannten Pferdekennerin und Buchautorin, bekam das Ehepaar Merz Kontakt zu spanischen Vollblutaraberzüchtern. Diese neuen Verbindungen führten schließlich zu der außergewöhnlichen Stute Estopa. Neben 17 anderen Vollblutstuten nahmen Sigrid und Rüdiger Merz dieses Pferd mit nach Deutschland. Estopa aber sollte ein Eckpfeiler der Merz'schen Zucht werden.

Rüdiger Merz sagt über sein Schmuckstück: »Bis ich Estopa 1970 gekauft habe, wurde sie im spanischen Staatsgestüt von Osma Escalera in Ecija bei Sevilla aufgezüchtet. Der Kauf dieser Stute erwies sich als richtungsweisend für den Erfolg unserer Zucht.«

Rüdiger Merz weiter: »Ich halte Estopa für die bedeutendste Vollblutaraberstute in Europa, wenn nicht auf der ganzen Welt.« Dieser Besitzerstolz kommt nicht von ungefähr. Seit das Ehepaar Merz 1973 im Schwarzwald das Gestüt Om el Arab (deutsch: Wiege der Araber) ge-

gründet hatte, vollbrachte Estopa eine hervorragende Zuchtleistung nach der anderen. Hier mag ein Name für die ganze Nachzucht stehen: El Shaklan. Dieser Sohn der Estopa und des legendären Shaker el Masri erreichte eine sehr große Bedeutung für die Weltaraberzucht.
Estopa hat sich inzwischen auf einen schönen Altersruhesitz zurückgezogen. Im Zweiggestüt von Om el Arab in Santa Yvez in Kalifornien erfreut sie sich bester Gesundheit. Laut Aussage von Rüdiger Merz sprüht sie geradezu vor Lebensfreude. Das macht sich auch darin bemerkbar, daß die ehemalige Pariser Championatssiegerstute im stattlichen Alter von 22 Jahren wieder einmal tragend ist.

Protokoll:

ESTOPA

Geboren:	6. 4. 1965
Farbe:	Schimmel
Abzeichen:	2 kleine Schnippen, beide Hinterhufe hell
Geschlecht:	Stute
Stockmaß:	154 cm
Züchter:	D. Miguel Osuna Escalera, Sevilla, Spanien
Besitzer:	Heinz-Rüdiger und Sigrid Merz, Gestüt Om el Arab, 7233 Lauterbach, Tel. (0 74 22) 46 80
Leistungen:	Beste Nachzucht, unter anderem der Hengst El Shaklan

Tabal	Congo	Illustre	Scanderich	—
				(Fam. Turki)
			Divina	Van Dyck
				Nauin v. Mustafa
		Triana	Ursus	Dahman Amir
				Hagar
			Facina	Van Dyck
				Motasén v. Hamdani
	Hilandera	Gandhy	Ursus	Dahman Amir
				Hagar
			Gomara	Alfange
				Babilonia
		Abisinia	Abd-er-Rahman	Tunecino
				Fianza
			Uganda	Sawah the Second
				Sada Yama
Uyaima	Barquillo	Eco	Scanderich	(Fam. Saklawi Turki)
			Varsovia	Van Dyck
				Bint
		Rabina	Bagdad	(Fam. Sbaili)
				(Fam. Tamri)
			Divina	Van Dyck
				Nauin
	Imelina	Gandhy	Ursus	Dahman Amir
				Hagar
			Gomara	Alfange
				Babilonia
		Verana	aus dem Vollblutarabergestüt des Herzogs von Veragua	

Kenya

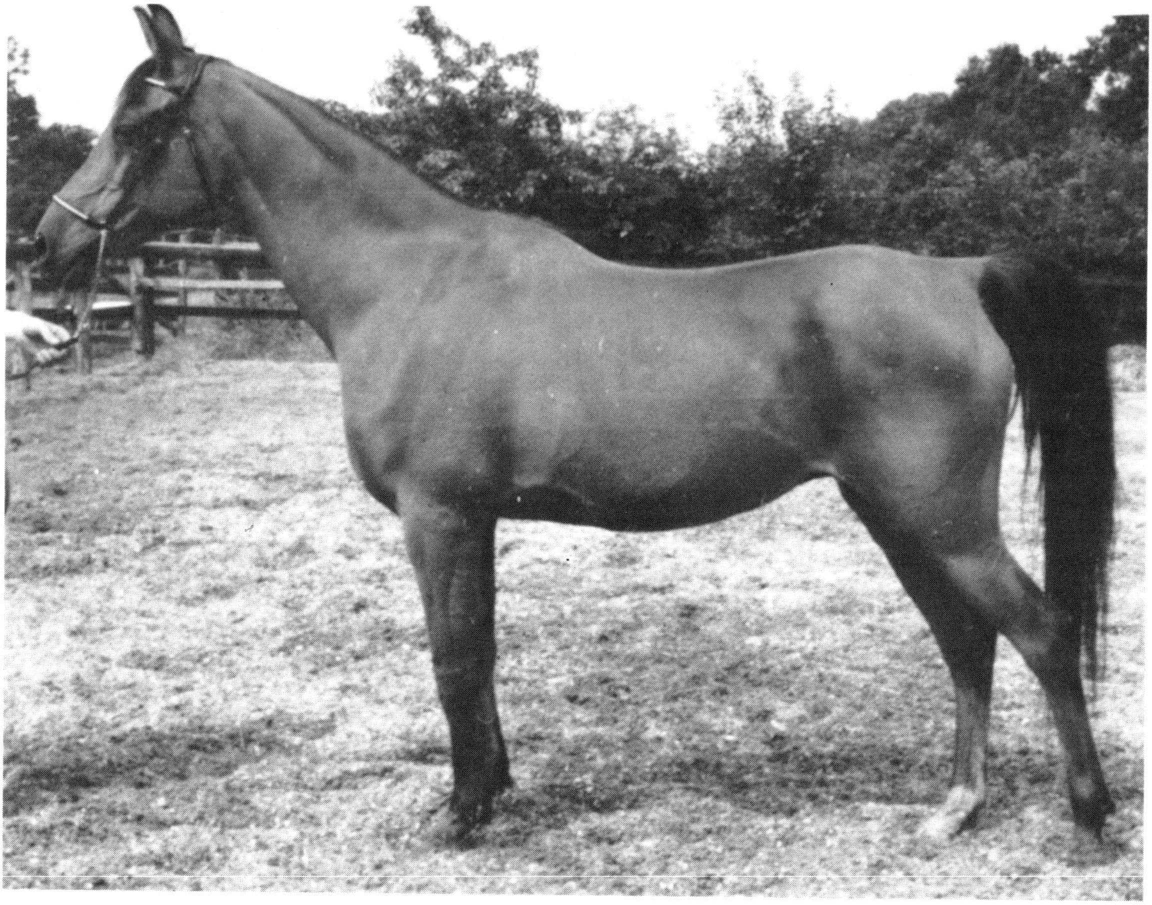

Foto: Irina Filsinger

Beste Oberlinie

Als einen wichtigen Mitbegründer der deutschen Vollblutaraberzucht nach dem Krieg kann man sicher das Gestüt El Shams von Wilhelm C. Hansen bei Delingsdorf rechnen. Eigentlich hat es bei Wilhelm Hansen mit der Araberzucht eher zufällig angefangen. 1949 hatte der Pferdeliebhaber Hansen das Delingsdorfer Waldgut Beimoor mit 15 Holsteiner Pferden gekauft. In diesem Jahr besuchte Wilhelm Hansen auch eine Vorstellung des Circus Williams, der gerade in Ahrensburg ganz in der Nähe ein Gastspiel gab.

Was wäre Wilhelm Hansen für ein Züchter gewesen, hätte er sich in der Pause nicht ein wenig im Pferdestall umgeschaut. Dort hörte er, daß aufgrund des ständigen Umherreisens die Araberstuten des Circus verfohlten und die Direktion sich mit dem Gedanken trüge, die Pferde zu verkaufen. Wilhelm Hansen griff zu, und so kamen die ersten Araber nach Delingsdorf. Das war die Grundsteinlegung für eine der ältesten und einflußreichsten Zuchtstätten des Vollblutarabers in Deutschland.

Wilhelm Carl Hansen hat sich sehr um die Vollblutaraberzucht in Deutschland verdient gemacht. Er war Ehrenmitglied des Zuchtverbandes. Seit seinem Tod 1985 wird das Gestüt von seiner Tochter Doris Sänger geführt.

1959 kam aus dem Gestüt Achental/Griesbach die braune Stute Kenya in das Gestüt, von deren Nachzucht zur Zeit noch fünf Vollblutaraberstuten im Gestüt sind. Kenya ist 1954 in Achental geboren und wurde dort auch von Gertraute Griesbach aufgezüchtet. Kenya war eine bedeutende Stute ungarisch-polnischer Blutführung und von sehr hoher Zuchtqualität. Sie hatte ein typisches, hochedles Mutterstutengesicht, einen schön getragenen Hals und einen ausgeprägten Widerrist. Die Oberlinie war bestens. Ihre Bewegungen schwungvoll und harmonisch bei einem sehr guten Trab.
Kenya, eine Tochter des goldbraunen berühmten Vollblutaraberhengstes Wisznu und der Fuchsstute Khema, vererbte ihr edles Blut sehr gut an ihre Kinder weiter. Und deren hatte sie viele. Auf dem Hansen-Gestüt El Shams, brachte sie seit 1960 Jahr für Jahr ein Fohlen, insgesamt achtzehn. 1980 ist diese bemerkenswerte Stute an Altersschwäche eingegangen.

Protokoll:

KENYA

Geboren:	7. 4. 1954/gest. 18. 12. 1980
Farbe:	Braun
Abzeichen:	Hinten rechts weiß gefesselt
Geschlecht:	Stute
Stockmaß:	149 cm
Züchter:	Gestüt Achental, Frau Gertraute Griesbach
Besitzer:	Wilhelm Hansen, Ahrensburg.
Leistungen:	Beste Nachzucht

Wisznu	**Witez II**	**Ofir**	**Kuhailan Haifi**	**Kuhailan Kharas** **Kuhailan Haifa**
			Dziwa	**Abu Mlech** **Zulejma**
		Federacja	**Burgas**	**Obejan Szerrak** **Seglavi Dzedran**
			Koalicja	**Koheilan IV** **Amurath**
	Malaga	**Mazepa II**	**Mazepa**	**Achmet Ejub** **Delia**
			Hajduczka	**Krzyzyk I** **Dagmara**
		Hebda	**Hermit**	— —
			Amurath	**Amurath** **Odysseja**
Khema	**Koheilan VIII**	**Koheilan IV**	**Koheilan II**	**Koheilan Adjuze** **Jussuf**
			O'Bajan	**O'Bajan** **Gazlan**
		Ghazal-4	**Ghazal**	**Gazlan I** **Jussuf**
			Scherife	**Siglavy** **Gehelt el Scherif**
	Ajeeb	**Ajeeb**	**Skowronek**	**Ibrahim** **Jaskolka**
			Alfa Rose	**Berk** **Marecsa**
		Izis	**Narzan**	— —
			Sahara	**Dzelfi Mlech** **Zulejka**

Maisa

Eine der schönsten Hadban Enzahi-Töchter

»Als züchterisch hochwertig erweist sich auch die Schimmelstute Maisa, geb. 1973, die schon unter ihren ersten Fohlen gutes Zuchtmaterial brachte.« (Dr. Gramatzki, 1983) Die rein ägyptische Maisa ist gezogen und im Besitz von Dr. Filsinger, Gestüt Roter Busch. Sie entstammt einer majestätischen Ahnentafel: Tochter des ehemaligen Marbacher Hauptbeschälers Hadban Enzahi (von Nazeer), aus der bedeutendsten Stammstute der deutschen Vollblutaraberzucht, der Ghazal-Tochter Malikah.

Maisa ist das letzte Produkt dieser erfolgreichen Verbindung von Hadban Enzahi mit Malikah, aus der ebenfalls so bekannte Pferde wie die Hengste Mahomed und Malik (lange Zeit Deckhengst auf Om el Arab und nun im Besitz des Gestütes Maiworm) sowie die Stuten Maymoonah (Mutter der bedeutenden Hengste Maymoon und Messaoud) und Mofeedah (im Besitz der Distanzreiterin und Züchterin Petra Horsch) entstammen. Maisa besitzt außergewöhnlichen Typ und auffallende Trockenheit. Ihr Betrachter wird verwöhnt durch Schönheit, Noblesse, korrektes Exterieur und vor allem durch schwungvolle, elastische Gänge.

Ihr ausdrucksvolles Gesicht mit den großen, dunklen Augen drückt sehr viel Sensibilität und Mütterlichkeit aus. Maisa hat sich mit ihren bislang neun Nachkommen als hochkarätige Vererberstute gezeigt. Ihre erstgeborene Tochter, die Stute Manaya (von Madkour OA), wurde 1986 bei ihrer ersten öffentlichen Ausstellung nationale Championstute der Schweiz. Dort ist sie inzwischen auch im Hanaya-Gestüt beheimatet. Manayas wunderschöne, jüngere Vollschwester Maydana Bint Maisa brachte zwei Söhne von Nabil Ibn Nazeefa (Farag x Nazeefa). Beide wurden bereits auf internationalen Schauen erfolgreich vorgestellt.

Der ältere von beiden wurde als Zweijähriger von einem italienischen Züchter erworben. Der 1982 geborene Maisa-Sohn Mahyubi (von Nabil Ibn Nazeefa) wurde erstmals bei der Zentralen Hengstkörung öffentlich gezeigt. Er wurde gekört, als Jahrgangsbester prämiert und Gesamtreservechampion aller Hengste. Sein zwei Jahre jüngerer Vollbruder Marouf el Nabil war beim Asil Cup Int. 85 Siegerhengstfohlen sowie Top Ten-Hengst. Als ebenfalls sehr gelungen zeigt sich die Anpaarung von Maisa mit Maymoon (Kaisoon x Maymoonah v. Hadban Enzahi a.d. Malikah). Die Mutter Maymoons ist eine Vollschwester zu Maisa. Die bewährte Vererbungsleistung dieses Stammes erlaubte die enge Inzucht. Und das Ergebnis überzeugt: im Gestüt Roter Busch finden sich die 1983 geborene Mansoura sowie der 1987 geborene Sheikh Maymoon und der Maisa-Enkel Dahman Maymoon (a.d. Maxdana), die erst nach dem Tod ihres Vaters zur Welt kamen und u.a. dessen Erbe würdig weitertragen sollen.

Protokoll:

MAISA

Geboren:	17.5.1973
Farbe:	Schimmel
Abzeichen:	—
Geschlecht:	Stute
Stockmaß:	152 cm
Züchter:	Gestüt Roter Busch, Filsinger Araber
Besitzer:	Gestüt Roter Busch
Leistungen:	Beste Nachzucht

Hadban Enzahi	Nazeer	Mansour	Gamil Manial
			Nafaa el Saghira
		Bint Samiha	Kazmeen
			Samiha I
	Kamla	Sheikh el Arab	Mansour
			Bint Sabah
		Samha	Baiyad
			Bint Samiha
Malikah	Ghazal	Nazeer	Mansour
			Bint Samiha
		Bukra	Shahloul
			Bint Sabah
	Malacha	El Sareei	Shahloul
			Zareefa
		Moheba	Sid Abouhom
			Halima

Noblesse und Mütterlichkeit: Maisa v. Hadban Enzahi Foto: Irina Filsinger

Der Vererber mit dem legendären Ruf: Hadban Enzahi — Vater der Maisa.

Malikah — die Mutter der Maisa Foto: Irina Filsinger

Malikah

Eine Königin der Vollblutaraberzucht

1962 erwarb Dr. Filsinger vom Gestüt Lütetsburg die Jährlingsstute Malikah (Ghazal x Malacha). Zu dieser Zeit sprach noch keiner von »straight Egyptian«, es gab noch keine Pyramid Society und keinen Asil Club. Dr. Filsinger war schon seit langem Araberzüchter und vor allem begeisterter Reiter.

Die Jährlingsstute Malikah faszinierte ihn vor allem durch ihren außergewöhnlichen Typ, ihre Ausstrahlung, ihre hohen Exterieurqualitäten und Gänge. Die Tatsache, daß beide Eltern Malikahs Importe aus Ägypten waren, sollte sich erst später als bedeutsam herausstellen. Malikah ist heute die einflußreichste ägyptische Stute der europäischen Vollblutaraberzucht und eine der besten Stuten unserer Zeit. Ihre Zuchtleistung besteht aus 14 Kindern und unendlich vielen und erfolgreichen Nachkommen. »Eine Perlenkette von Erfolgspferden« (Dr. Frielinghaus, 1985).

Malikah brachte 1966 ihr erstes Fohlen von dem polnisch gezogenen Saphir: das Stutfohlen Mekka (u.a. Mutter von Mansul). Mekka blieb Malikahs einziges Fohlen, das nicht »straight Egyptian« ist. Ihre nachfolgenden fünf Fohlen entstammen der Anpaarung mit dem »Marbacher« Hauptbeschäler Hadban Enzahi: Hengste Mahomed (1968; B.: Dömken) und Malik (1970; B.: Maiworm), zwei der bedeutendsten lebenden Vererber sowie die drei Stuten Maymoonah (1971; B.: Seidlitz), Mofeedah (1972; B.: Horsch) und Maisa (1973; B.: Filsinger) — alle drei inzwischen selbst schon als Vererberstuten herausgetreten.

Malikah wurde anschließend dem aus USA importierten Leistungshengst Anchor Hill Halim zugeführt und brachte 1974 ihren typvollen Sohn Manal, der als Dreijähriger bei der Körung Gesamtreservechampion war und seine Hengstleistungsprüfung in Marbach als Tagesbester ablegte. Anschließend wurde Malikah mehrmals mit dem Morafic-Sohn Madkouroa angepaart. Aus dieser Anpaarung entstammen der trockene Fuchshengst Mabrouk Ibn Malikah sowie die Vollschwester Mahdia Bint Malikah und Malima Bint Malikah, die immer wieder auch durch ihre enormen Bewegungen begeistert, für die sie die Höchstnote 10 erhielt. 1981 brachte Malikah

Protokoll:

MALIKAH

Geboren:	10. 2. 1962
Farbe:	Schimmel
Abzeichen:	—
Geschlecht:	Stute
Stockmaß:	153 cm
Züchter:	Gestüt Lütetsburg
Besitzer:	Gestüt Roter Busch, Filsinger-Araber, 6967 Buchen-Götzingen, Tel. (0 62 81) 25 40

Ghazal	Nazeer	Mansour	Gamil Manial
			Nafaa el Saghira
		Bint Samiha	Kazmeen
			Samiha I
	Bukra	Shahloul	Ibn Rabdan
			Bint Radia
		Bint Sabah	Kazmeen
			Sabah
Malacha	El Sareei	Shahloul	Ibn Rabdan
			Bint Radia
		Zareefa	Kazmeen
			Durra
	Moheba	Sid Abouhom	El Deree
			Layla
		Halima	Sheikh el Arab
			Ragia

dann die wunderschöne Stute Malikah el Dahma (von Nabil Ibn Nazeefa), nach Meinung vieler das Ebenbild ihrer Mutter. Die Krönung der Vererberinnenlaufbahn dürften wohl ihre beiden jüngsten Töchter sein: die 1983 geborene Munifah Bint Malikah und die 1985 geborene Marani el Malikah — beide von Malikahs bedeutendem Enkelsohn Maymoon (Kaisoon x Maymoonah a.d. Malikah). Diese beiden Jungstuten werden das Erbe dieses Stammes erhalten und weiterführen.

Malikah, die man wohl heute schon eine Legende nennen darf, gibt ihre Schönheit auch weiter. Die völlige Trockenheit der Stute, ihre klaren Gelenke, ihre hohe Klugheit und Gesundheit stempeln sie zu einer wahren Stammstute.

Unzählige Schau- und Leistungssieger führen Malikah-Blut. Beispielhaft seien folgende Worte: »Zahlreiche hochprämierte Pferde der Dillenburger Schau haben diese Ghazal-Tochter (Anm: Malikah) in ihrer Abstammung, die damit als bedeutende Vererberstute des Moheba-Stammes immer mehr herausragt.« (Dr. Saenger, 1985). So waren 50% der Champions und Klassensieger beim Asil Cup Int. 85 Nachkommen von Malikah. Im Jahr darauf führten zwei der vier Champions Malikah-Blut. Bei der zentralen Hengstkörung in Darmstadt-Kranichstein von 1977 bis 1986 gehen zehn Körungssieger/Reservesieger auf Malikah zurück. Bei den Hengstleistungsprüfungen in Medingen, Marbach, München-Riem stellten ihre Nachkommen sechs Sieger/Reservesieger.

Der Malikah-Sohn Manal von Anchor Hill Halim, Z. u. B.: Gestüt Roter Busch, Gesamt-Reserve-Champion der Körung 1977, Tagesbester der Hengstleistungsprüfung 1979 in Marbach. Foto: Irina Filsinger

Malikah mit Stutfohlen Munifah Bint Malikah v. Maymoon. Z. u. B.: Gestüt Roter Busch, Fam. Dr. Filsinger.
Foto: Irina Filsinger

Mamsahi

Die ideale Mutterstute

Die Mutterstute Mamsahi ist eine sehr edle, qualitätsvolle Stute mit mütterlichem Ausdruck. Ein edler Araberkopf, eine gute Oberlinie und ein trockenes, korrektes Fundament mit einer guten Breite und Tiefe runden das Bild einer der besten deutschen Vollblutaraberstuten ab.
Mamsahi stammt von dem berühmten Originalaraberhengst Ghazal ab. Ihr Großvater ist also der Jahrhunderthengst Nazeer. Das Mutterblut kommt von Masarrah, einer Tochter der Moheba. Geboren wurde Mamsahi am 13.6.1964 in Lütetsburg auf dem Gestütshof des Fürsten zu Inn- und Knyphausen. Noch als Stutfohlen wurde Mamsahi dann verkauft. Die kostbare Fracht ging damals an das Gestüt Grabau des Züchters Dobimar von Kameke. Diese wohl bedeutendste Zuchtstätte mitten in Schleswig-Holstein etwa auf halbem Weg von Hamburg nach Lübeck »zwischen den Meeren« gelegen, wurde mit der Stute Mamsahi groß.
Rein ägyptisch wurde Mamsahi bedeckt. Um einige Beschäler aufzuzählen: Kaisoon, Nasir, Diem, Mameluk und Farouss. Mamsahi ist einmal 1979 güst geblieben. Sonst hat diese hervorragende Zuchtstute seit 1969 Jahr für Jahr einem Fohlen das Leben geschenkt. Insgesamt hat Mamsahi 16 direkte Nachkommen, darunter fünf gekörte Hengste. Einer davon ist der hochprämierte Marwan. Allein sieben Mamsahi-Töchter sind auf dem Gestütshof Grabau in der Zucht. Es kann also nicht weiter verwundern, daß die Schimmelstute Mamsahi mehrere erste Preise und hohe Auszeichnungen als Zuchtstute und wegen ihres edlen arabischen Typs im Laufe ihres Lebens erhalten hat. Eigentlich gebührt ihr noch eine weitere Anerkennung für Kinderer-

ziehung. Sorgsam und umsichtig kümmerte sie sich um ihre Zöglinge. Immer darauf bedacht, daß es die jungen Pferde nicht allzu toll trieben und Unfug anstellten. Dabei ist Mamsahi sehr gutmütig und den Menschen gegenüber, zumindest denen, denen sie vertraut, in einem hohen Maße anhänglich.

Vielleicht möchte die Stute damit auch ihre Dankbarkeit für ihre schöne Heimat zum Ausdruck bringen. Denn die alte, großzügig ausgebaute Gestütsanlage Grabau ist ein wahres Paradies für Pferde und Menschen, die Pferde lieben. Das ganze Anwesen mit Ställen und Reithalle und nicht zuletzt die Gastfreundschaft der Züchter fanden auch den Beifall der Teilnehmer der WAHO-Konferenz, der Weltorganisation

Protokoll:

MAMSAHI

Geboren:	13.6.1964
Farbe:	Schimmel
Abzeichen:	Forellenfl. braune in beide Nstr. reichende gefl. durchgehende Blesse, Perlmutterfl. i. Gesicht u. Utlp.
Geschlecht:	Stute
Stockmaß:	148 cm
Züchter:	Fürst zu Inn- und Knyphausen, Lütetsburg
Besitzer:	Dobimar von Kameke
Leistungen:	»125 Jahre Weil-Marbach« 1967

Kl. 10-Ic-Preis mehrere 1. Preise (DLG) und Auszeichnungen. Beste Nachzucht.

Ghazal	Nazeer	Mansour	Gamil Manial	Saklawi II
				Dalal
			Nafaa El Saghira	Meanagi Sebili
				Nafaa El Kebera
		Bint Samiha	Kazmeen	Sotam
				Kasima
			Samiha	Samhan
				Bint Hadba El Saghira
	Bukra	Shahloul	Ibn Rabdan	Rabdan
				Bint Gamila
			Bint Radia	Mabrouk Manial
				Radia
		Bint Sabah	Kazmeen	Sotam
				Kasima
			Sabah	Mabrouk Manial
				Bint Obeya
Masarrah	Haladin	Halef	Enwer Bey	Abu Mlech
				Koalicja
			Kasztelanka	Koheilan I
				Bialogrodka
		Jadine	Jasir	Mabrouk Manial
				Nigma
			Dinarsad	Dynamit
				Doris
	Moheba	Sid Abouhom	El Dere	aus dem königl.
				Gestüt Khassa
			Layla	Ibn Rabdan
				Bint Sabah
		Halima	Sheikh el Arab	Mansour
				Bint Sabah
			Ragia	Ibn Rabdan
				Farida

für die Freunde und Züchter des arabischen Pferdes, die 1978 in Hamburg stattfand. Damals fuhren die Konferenzteilnehmer auf das Gestüt von Dobimar von Kameke und waren von Haus, Hof und umliegender Landschaft sehr angetan. Und natürlich auch von den schönen Vollblutaraberpferden, die in Grabau stehen.

In ihrem 23sten Lebensjahr war die alte Mamsahi immer noch dort untergebracht. Zusammen mit der anderen Gründerstute des Gestüts, ihrer Freundin Wilja, bekommt die liebenswerte Stute ihr Gnadenbrot auf Grabau. Es ist schon rührend, wenn man die beiden »alten Damen« beim Weidespaziergang sieht. Und ab und zu bricht ihr großartiger Mutterinstinkt auch heute noch bei Mamsahi durch. Dann kümmert sie sich fürsorglich um ein Fohlen der jüngeren Mutterstuten.

Maymoonah

Die Mutter von Messaoud

Auf seine Zuchtstute Maymoonah ist Günter Seidlitz, der mit seiner Familie das Gestüt Gut Muggenhof führt, zu Recht stolz. Die bildhübsche Stute hat sehr bedeutende Vorfahren und führt edelste ägyptische Blutlinien. Sie stammt ab von dem hervorragenden Nazeer-Sohn Hadban Enzahi. Und ihre Mutter Malikah hat auch einen Nazeer-Sohn zum Vater: den edlen Ghazal.

1971 ist die Stute geboren. Der Züchter Dr. Erwin Filsinger hat sie aufgezogen. 1973 hat sie dann Günter Seidlitz übernommen. Und das war ein Glücksgriff. Seither hat die fleißige Maymoonah nämlich bis auf eine Ausnahme jedes Jahr ein Fohlen zur Welt gebracht. Vor allem mit dem Originalaraberhengst Madkour I gelingt eine hervorragende Nachzucht.
Anfangs hat es Günter Seidlitz auch mit Anpaa-

rungen mit Kaisoon versucht. Doch mit Maymoonah und Madkour klappte es immer so hervorragend, daß Seidlitz schließlich nur noch dieser Verbindung den Vorzug gab.

Zwar gaben befreundete Züchter den Ratschlag, es doch auch einmal mit anderen Hengsten zu versuchen. Doch wurden die Fohlen aus der Anpaarung Maymoonah-Madkour immer besser, so daß Maymoonah bereits seit 1975 nur noch von Madkour tragend wurde. Hervorragende Maymoonah-Kinder sind Moheba, Masr, Masila, Malachs, Mahaba, Montasar, Maamounah, Madmaymour. Und nicht zu vergessen: der edle Messaoud und der feurige Maymoon, der noch von Kaisoon stammt.

Maymoonah hat ihre Kinder immer sehr individuell erzogen. So drängte sie einen besonders frechen Junghengst schon mal sanft, aber mit Nachdruck in eine Stallecke. Ein zahmes Stutfohlen durfte sich hingegen fast alles herausnehmen. Typisch für den ruhigen und ausgeglichenen Charakter dieser ausgezeichneten Zuchtstute.

Protokoll:

MAYMOONAH

Geboren:	16. 4. 1971
Farbe:	Schimmel
Abzeichen:	kl. Sch., gr. St.
Geschlecht:	Stute
Stockmaß:	152 cm
Züchter:	Dr. E. Filsinger, Friedrichstaler Str. 23, 7523 Graben
Besitzer:	Gestüt Fam. Günter Seidlitz, Gut Muggenbach, 8601 Sesslach 4, Tel. (0 95 67) 230
Leistungen:	Beste Nachzucht, mehrere gekörte Söhne.

Hadban Enzahi	Nazeer	Mansour	Gamil Manial	Saklawi II
				Dalal
			Nafaa el Saghira	Meanagi Sebeli
				Nafaa el Kebira
		Bint Samiha	Kazmeen	Sotam
				Kazema
			Samiha	Samhan
				Bint Hadba el Saghira
	Kamla	Sheikh el Arab	Mansour	Gamil Manial
				Nafaa el Saghira
			Bint Sabah	Kazmeen
				Sabah
		Samha	Baiyad	Mabrouk Manial
				Bint Gamila
			Bint Samiha	Kazmeen
				Samiha
Malikah	Ghazal	Nazeer	Mansour	Gamil Manial
				Nafaa el Saghira
			Bint Samiha	Kazmeen
				Samiha
		Boukra	Shahloul	Ibn Rabdan
				Bint Radia
			Bint Sabah	Nazmeen
				Sabah
	Malacha	El Saria	Shahloul	Ibn Rabdan
				Bint Radia
			Zareefa	Kazmeen
				Durra
		Moheba	Sid Abouhom	El Deree
				Layla
			Halima	Sheikh el Arab
				Ragia

Top-Ten-Hengst Messaoud, geb. 1979, Sohn der Maymoonah v. Madkour, Z.: G. Seidlitz, B.: E. Rudolph. Foto: Irina Filsinger

Maymoonah im Jahre 1987.

Foto: Foto-Escher

Moheba II

Foto: Foto-Escher

Kaum eine war bedeutender

Moheba II gilt als eine der bedeutendsten Vererberinnen der deutschen Vollblutaraberzucht. Diese wunderschöne Schimmelstute vereinigte die großen ägyptischen Zuchtlinien in sich.
Moheba II wurde 1960 auf dem Gestüt Lütetsburg des Fürsten zu Inn- und Knyphausen geboren. Sie ging aus einer Anpaarung der Malacha mit Ghazal hervor. Somit konnte Moheba II einen hervorragenden Stammbaum vorweisen. Ihre Mutter Malacha ist eine Tochter der Moheba und des El Sarlei. Und ihr Vater Ghazal ist ein Sohn des weltberühmten ägyptischen Hengstes Nazeer und der bedeutenden Stute Bukra. Vergleicht man Fotos, sehen sich die Großmutter Boukra und die Enkelin Moheba II zum Verwechseln ähnlich. Aus der Verbindung Nazeer-Bukra entstammt auch Malikah, also eine Vollschwester von Moheba II, die ebenfalls sehr erfolgreich ist.
1965 wurde Moheba vom Fürsten Knyphausen zusammen mit ihrem Vater Ghazal an das Haupt- und Landgestüt Marbach verpachtet. Landoberstallmeister Dr. Wenzler war damals Zuchtleiter im Marbacher Gestüt. Dieser hervorragende Pferdemann erkannte sofort den hohen züchterischen Wert der Stute Moheba II.
Aus Anpaarungen mit dem ebenfalls sehr bekannten und wertvollen Nazeer-Sohn Hadban Enzahi brachte Moheba II hervorragende Nachkommen. Die Liste der Nachkommen ist lang, nur die wichtigsten Töchter und Söhne sollen hier Erwähnung finden. Von ihren 13 Kindern

waren nur vier weiblich: Molawa, Molesta, Mona III und Moheba III, wobei Molawa von Haladin abstammt, also nicht rein ägyptisch gezogen ist. Sehr erfolgreiche Hengste von Moheba II sind Madkour I, Mameluk, Moheef, Melek und als jüngster Ibn Moheba, den sie im Alter von 22 Jahren zur Welt brachte. Ibn Moheba, ein herrlicher Hengst, befindet sich im Besitz des Ehepaares Kretschmann, das eine Vollblutaraberzucht in der Nähe von Ludwigsburg betreibt. Sohn und Mutter zusammen auf der Weide – diesen herrlichen Anblick wünschte sich Züchter Kretschmann. Also kaufte er Moheba II vom Gestüt Lütetsburg. Doch das wunderbare Bild war Kretschmann nicht vergönnt. Moheba starb auf dem Transport nach Ludwigsburg im Frühjahr 1987.

Protokoll:

MOHEBA II

Geboren:	30. 12. 1960/gest. 1987
Farbe:	Braun
Abzeichen:	Stern, hinten links und rechts weiß gefesselt
Geschlecht:	Stute
Stockmaß:	150 cm
Züchter:	Fürst zu Inn- und Knyphausen, Lütetsburg
Besitzer:	H. u. M. Kretschmann, Brenningerland, 7140 Ludwigsburg, Tel. (0 71 42) 4 24 21
Leistungen:	Beste Nachzucht, mehrere gekörte Hengste.

Ghazal	Nazeer	Mansour	Gamil Manial	Saklavi II Dalal
			Nafaa el Saghira	vom Gestüt Prinz Joussouf
		Bint Samhia	Kazmeen	Sotam Kasima
			Samiha	Samhan Bint Hadba el Saghira
	Bukra	Shahloul	Ibn Rabdan	Rabdan Bint Gamila
			Bint Radia	Mabrouk Manial Radia
		Bint Sabah	Kazmeen	Sotam Kasima
			Sabah	Mabrouk Manial Bint Obeya
Malacha	El Sareei	Shahloul	Ibn Rabdan	Rabdan Bint Gamila
			Bint Radia	Mabrouk Manial Radia
		Zareefa	Kazmeen	Sotam Kasima
			Durra	Saadoun Dalal
	Moheba	Sid Abouhom	El Dere	Geschenk v. königl. Gestüt Ynshass
			Layla	Ibn Rabdan Bint Sabah
		Halima	Sheikh el Arab	Mansour Bint Sabah
			Ragia	Ibn Rabdan Farida

Ibn Moheba, geb. 1982, von Nizam a.d. Moheba II. Z.: Gestüt Lütetsburg, Bes.: Fam. H. Kretschmann, Ludwigsburg.

Foto: Irina Filsinger

Ibn Moheba

Foto: Irina Filsinger

Moheba II
Foto: Foto-Escher

Nevada

Die große Tochter des Aswan

Silvia Garde-Ehlert hat nicht viele Pferde persönlich abgeholt, wenn ein Handel zustande gekommen war. Dazu fehlt ihr als vielbeschäftigte Arabervollblutzüchterin einfach die Zeit. Und wenn man das Pferd aus der UdSSR über Polen und die DDR in die Bundesrepublik Deutschland holen muß, gibt es eine Menge Ärger mit Zöllnern und anderen »Halbgöttern«, den man hinunter schlucken muß, bis man am Ziel ist.
Bei der Stute Nevada hat sich Silvia Garde-Ehlert die Mühe gemacht und den strapaziösen Transport persönlich überwacht: Ehre wem Ehre gebührt. Denn aus der UdSSR kam nicht irgendeine Zuchtstute, sondern Nevada, die Tochter des berühmten Aswan. Der in El Zahraa geborene Aswan ist ein Sohn von Nazeer aus der Yosreia. Aswan kam als Geschenk des ägyptischen Staatspräsidenten Nasser an Chruschtschow in das russische Staatsgestüt Tersk. Mit Naina von Nil aus der Nomenklatura zeugte er 1970 die Fuchsstute Nevada. Sie verkörpert auf grandiose Weise die ägyptischen und die russischen Zuchtlinien. 1972 war Nevada das Spitzenpferd der Tersker Auktion.
Der Kauf der »Russen«-Stute Nevada erwies sich als Glücksgriff für das Gestüt Gut Alemich. Elf

Fohlen hat Nevada bisher gebracht, darunter sieben internationale Champions. Silvia Garde-Ehlert: »Nevada ist die einzige Stute in Deutschland, die das gebracht hat, vergleichbar höchstens mit der Stute Estopa.«

Die sieben internationalen Champs im einzelnen der Zuchtfolge nach: Neschi, Nomena, Nega, Nikila, Nanet, Neschima und Nagador. Diese Kinder von Nevada vererben ihrerseits die guten Eigenschaften ihrer Mutter weiter. Nevada ist eine wunderschöne Vollblutaraberstute mit Härte und Ausdauer. Trotzdem hat sie sehr viel Stutenausdruck. Sie bewegt sich schwungvoll und elegant. Im Alter von 14 Jahren wurde Nevada 1984 Europa-Reserve-Champion.

Protokoll:

NEVADA

Geboren:	8. 5. 1970
Gekört:	—
Farbe:	Fuchs
Abzeichen:	weiße Blesse, linker Hinterfuß unten weiß, 4 w. gestr. Hufe.
Geschlecht:	Stute
Stockmaß:	152 cm
Züchter:	Staatsgestüt Tersk, UdSSR
Besitzer:	Gestüt Alemich, Hermann u. Silvia Garde-Ehlert, Dahler Str. 51, 5063 Overath-Marialinden, Tel. (0 22 06) 23 23
Leistungen:	1972 Spitzenpferd in Tersk. 1984 Europa-Reserve-Champion

Aswan	Nazeer	Mansour	Gamil Manial
			Nafaa el Saghira
		Bint Samiha	Kazmeen
			Samiha I
	Yosreia	Sheikh el Arab	Mansour
			Bint Sabah
		Hind	Ibn Rabdan
			Bint Rustem
Naina	Nil	Sid Abouhom	El Deree
			Layla
		Malaka	Kheir
			Bint Bint Riyala
	Nomenklatura	Naseem	Skowronek
			Nasra
		Mammona	Ofir
			Krucica

Silvia Garde-Ehlert: »In diesem Alter lassen andere Stuten sehr oft schon den Rücken hängen. Aber Nevada ist eben ein Champion, ein Sieger der Sieger.«

Rualla

Rualla mit Stutfohlen Bint Rualla, 1978.

Eine Stamm-Mutter der deutschen Araberzucht

Der Schwärmshof in der Nähe von Neunkirchen bei Bonn ist eines der reiterlichen Paradiese der deutschen Vollblutaraberzucht. Hier lebt der Besitzer des Reiterhofes Dr. Piduch gemeinsam mit seiner Familie ganz für die Araber. Der Schwärmshof hat noch einen zweiten Namen: Stall Rualla. Rualla kommt aus dem Arabischen und ist der Name eines Beduinenstammes. Doch Rualla ist auch der Name einer der Stammstuten der deutschen Vollblutaraberzucht. Dr. Piduch hat sein Gestüt zu Ehren dieser außergewöhnlichen Stute benannt, deren Blutlinie sich bis in die arabische Wüste zurückverfolgen läßt. Rualla ist auf den braunen Beduinenhengst Kuhaylan Zaid ingezüchtet. Die direkte Verwandtschaft ist väterlicherseits der Fuchshengst Kalif aus dem Gestüt Achental. Die Mutter hieß Rozka und kam aus dem ungarischen Staatsgestüt Babolna. Rualla hatte hervorragende Reiteigenschaften und galt bis zu ihrem Tod 1978 weit über die

Grenzen hinaus als bedeutende Vererberin. Geboren wurde die braune Stute 1952 auf dem Gestüt Achental der Frau Griesbach. Hier im Bayrischen konnte sie sich in ihren Jugendjahren ungestört zu einer Stute entwickeln, wie sie einem nicht alle Tage begegnet. Sie verkörperte arabischen Charme ebenso wie entschlossene Leistungsbereitschaft. Ihr Gesicht strahlte Klugheit und warme Mütterlichkeit aus. Der schöne lange Hals ging in einen genügend hohen Widerrist über, der sich in einer exzellenten Rückenlinie fortsetzte. Das alles waren natürlich auch die Voraussetzungen für ein hervorragendes Reitpferd, und so wurde Rualla erst 1958, als bereits sechsjährige Stute, der Zucht zugeführt. Das Ergebnis spricht für sich: In 17 Zuchtjahren wurden 15 Zuchtpferde erfolgreich zur Welt gebracht, darunter zwölf Mutterstuten und drei gekörte Hengste. Nicht nur in Deutschland, sondern auch in Argentinien und Österreich sind Ihre Nachkommen durch Zweigstämme weit verbreitet. Anfang der siebziger Jahre hat Dr. Piduch Rualla für seine Zucht übernommen. Die außergewöhnliche Stute hat Eigenart und Qualität, und nicht zuletzt die guten Reitpferdeeigenschaften auf das Gestüt Schwärmshof übertragen und geholfen, die Araberzucht von Dr. Piduch in der rein-arabischen Linie aufzubauen. Bestes Beispiel hierfür ist wohl die Stute Bint Rualla, die aus der Anpaarung von Rualla mit dem Kaisoon-Sohn Koran, hervorgegangen ist.

Protokoll:

RUALLA

Geboren:	28.1.1952
Farbe:	Braun
Abzeichen:	länglicher Stern, längliche Schnippe, rechte Vorderfessel außen gefl. weiß.
Geschlecht:	Stute
Stockmaß:	150 cm
Züchter:	Gertraute Griesbach, Gestüt Achental
Besitzer:	Dr. Erwin Piduch, Söntgerath, 5206 Neunkirchen, Tel. (0 22 47) 15 58
Leistungen:	Beste Nachzucht

Kalif	Halef	Enwer Bey	Abu Mlech	Mlech I
				Lania
			Koalicja	Koheilan IV
				Amurath
		Kasztelanka	Koheilan I	Koheilan IV
				Ghazal
			Bialogrodka	Orjent
				Pojata
	Khabitha	Kuhaylan Zaid	Kuhaylan Abu Junub	Handban Inzihi
				Kuhaylah Um Junub
			Kuhaylah Al Ziyadah	Saklavi Jidrani
				Kuhaylah Al Ziyadah
		Kemir	Kemir I	Kemir
				Siglavy Bagdady
			Koheilan IV	Koheilan IV
				Semri
Rozka	Kuhaylan Ajouz I	Kuhaylan Ajouz	Kuhaylan Abu Junub	Handban Inzihi
				Kuhaylah Um Junub
			Kuhaylah Ajouz	Saklawy Jedrani
				Kuhaylan Ajouz
		Mersuch I	Mersuch I	Mersuch I
				Ghazal
			Koheilan IV	Koheilan IV
				Kohailan Raschid
	Kuhaylan Zaid	Kuhaylan Zaid	Kuhaylan Abu Junub	Hadban Inzihi
				Kuhaylah Um Junub
			Kuhhaylan Al Ziyadah	Saklavi Jidrani
				Kuhaylah Al Ziyadah
		Kemir	Kemir I	Kemir
				Siglavy Bagdady
			Koheilan IV	Koheilan IV
				Semri

Rumaila

Söhne bis zur S-Dressur ausgebildet

Jutta Hell ist eine hervorragende Dressurreiterin. Und sie ist eine ebenso hervorragende und weitsichtige Züchterin von Vollblutaraberpferden. Manch einer mag jetzt denken: Dressurreiten ist etwas für Warmblutpferde, mit Arabern kann man doch keinen Staat machen. Wer so denkt, kennt Jutta Hell schlecht, denn die passionierte Reiterin meint: »Araber nur auf Zuchtschauen herumzuführen? Dazu sind diese Pferde viel zu schade!« Vollblutaraber wollen geritten sein, meint Jutta Hell. Und zwar nicht nur auf Distanzritten, um ihre Ausdauer und Zähigkeit unter Beweis zu stellen, sondern auch in der Dressur, wo Beweglichkeit und Intelligenz gleichermaßen gefragt sind. Am 11. 11. 1970 hat Jutta Hell begonnen, mit den Zuchthengsten Sascha und Akif sowie den Stuten Kordula, Feridah und — last not least — Rumaila, eine Vollblutaraberzucht aufzubauen. Dazu kaufte sie den Gestütshof Erlau in Oberbayern und zog von Norddeutschland nach Oberbayern. Das war zwar weit ab vom Schuß von anderen Züchtern, aber Jutta Hell fühlt sich wohl im Bayerischen und sagt, daß es vor allem für die Pferde gut ist, wenn sie etwas milderes Klima haben. Rumaila ist eine sehr gute, typvolle Stute, die mütterlicherseits beste Achtentaler Blutführung vorzuweisen hat und väterlicherseits auf der Koheilan-Marbachlinie liegt. Ihre Mutter ist Razzinah von dem berühmten Wisznu aus der nicht minder berühmten Rualla. Ihr Vater Jager stammt seinerseits wieder von dem rein ägyptischen Jasir und der Marbacher Stute Caesarea ab. Rumaila ist eine sehr gute mütterliche Stute, die schwungvoll gehen kann und ausgezeichnete Reitpferdepoints hat. Rumaila hat eine gute Nachzucht mit den Hengsten Shaik, Diem und Akif gebracht. Alle Kinder von Rumaila und deren Erfolge aufzuzählen, würde den Rahmen sprengen. Deshalb ein Beispiel: Von Siglavy Bagdady wurde sie 1968 tragend und bekam den Hengst Sascha. Und 1971 bekam sie dann von Akif den Achmed. Beide Hengste, Sascha und Achmed, sind von Jutta Hell hervorragend reiterlich ausgebildet und bis zur Klasse S gefördert worden. Wo immer auch die beiden Vollblutaraber aus der Rumaila von Jutta Hell und einer ihrer Schülerinnen im Pas de Deux geritten werden, das Publikum, sei es auf einer Zuchtschau, sei es auf einem Turnier oder nur beim Training, ist hellauf begeistert. Mit dem Blut von Rumaila in den Adern, zeigen die graziösen Schimmel ein Bild der Harmonie und Einheit.

Protokoll:

RUMAILA

Geboren:	6. .6. 1964
Farbe:	Fuchs
Abzeichen:	Rechter Hinterfuß unregelmäßig weiß, drei dunkle Hufe, hinten gestreifter Huf.
Geschlecht:	Stute
Stockmaß:	152 cm
Züchter:	Keld D. Nyegaard, Gammel Skovridergaard, Virum/Dänemark
Besitzer:	Jutta Hell, 8161 Wörnsmühl-Grandau 5, Tel. (0 80 25) 10 59
Leistungen:	Beste Nachzucht

Jager	Jasir	Mabrouk Manial	Ibn El Sakalaoui	—
				—
			Tarfa	Dahman El Azrak
				Bint Freiha El Chakra
		Nigma	Dahman El Azrak	Lamil El Ahmar
				Ferida el Dibani
			Bint Yamama	Sakalaoui El Kebir
				Yamama Koheila Jellabia
	Caesarea	Koheilan IV	Koheilan II	Koheilan Adjuze
				Jussuf
			O'Bajan	O'Bajan
				Gazlan
		Carmen	Dardziling	Mazepa
				Omega
			Sardine	Souakim
				Savonna
Razzinah	Wisznu	Witez II	Ofir	Kuhaylan Haifi
				Dziwa
			Federacja	Burgas
				Koalicja
		Malaga	Mazepa II	Mazepa
				Hajduczka
			Hebda	Hermit
				Amurath
	Rualla	Kalif	Kalef	Enwer Bey
				Kasztelanka
			Khabitha	Kuhaylan Zaid
				Kemir
		Rozka	Kuhaylan Ajouz I	Kuhaylan Ajouz
				Mersuch I
			Kuhaylan Zaid	Kuhaylan Zaid
				Kemir

Saemah

Foto: Irina Filsinger

Zweimal den Asil Cup gewonnen

Verfolgt man das Pedigree, also den Stammbaum der Stute Saemah vier Generationen zurück, so taucht allein viermal der Name Nazeer auf. Und wenn der Name dieses einmaligen Vollblutaraberhengstes, dessen Blut die Araberzucht in Deutschland nachhaltig beeinflußt hat, auftaucht, ist meist von Qualität die Rede. Bei Saemah jedenfalls ist es so, daß sie halten kann, was die Abstammung verspricht.

Zwei weitere bekannte Namen spielen im Stammbaum Saemahs eine ebenfalls sehr wichtige Rolle: Kaisoon und Hadban Enzahi, beides Söhne eben jenes ägyptischen Vollblutarabers Nazeer. Kaisoon, der unvergeßliche stolze Hengst ist ihr Großvater mütterlicherseits, der zusammen mit Bint Wedad die Stute El Samraa zeugte, die Mutter von Saemah.

Hadban Enzahi, der Großvater väterlicherseits, zusammen mit Kaisoon und Ghazal, waren die bedeutendsten Vererberhengste für die Araberzucht in Deutschland nach dem Zweiten Weltkrieg. Mit Moheba II setzte Hadban Enzahi den außergewöhnlichen Madkour I in die Welt, den Vater von Saemah. Nun sagen Leute, die es wissen müssen, Vollblutaraberzüchter nämlich, daß die Hadban Enzahi-Nachkommen gerne ihre Härte und Energie weitervererben, während die Erbfolger der Kaisoonlinie besonders guten

Charakter, angenehmes Temperament und Geschmeidigkeit in den Bewegungen als herausragende Eigenschaften zeigen. Bei der Stute Saemah ist die Kombination dieser beiden Blutführungen sehr gut gelungen.

Die noch junge Stute wird aller Voraussicht nach die in sie gesetzten Erwartungen voll und ganz erfüllen. Im Frühjahr 1981 erblickte die Schimmelstute das Licht der Welt. Ihre Heimat ist das Gut Dieckhorst, das dem Züchter Peter Groß gehört. Der meint zu seiner Stute von Madkour I aus der El Samraa: »Saemah war von Anfang an extrem typvoll, eine Araberstute wie sie im Buche steht. Es gibt ja Stutfohlen, die sich im Laufe der Jahre in ihrem Aussehen sehr verändern. Bei Saemah war das nicht der Fall.«

Den Menschen gegenüber ist die Schimmelstute sehr anhänglich und treu. Außerdem hat sie nicht nur einen besonders hübschen, sondern auch einen ziemlich schlauen Kopf. Ihr Züchter Peter Groß erklärt: »Saemah ist sehr intelligent. Ich gehe mit ihr untrainiert auf die Zuchtschauen, und sie absolviert die Vorführungen auf die ihr eigene lockere Art fehlerlos.« Mit den Schauen soll es nun allerdings ein Ende haben. Denn Saemah, die seit 1984 in der Zucht eingesetzt wird, ist 1986 güst geblieben. Peter Groß führte das auf zu viel Streß bei den Schauen zurück. 1984 hatte sie einen Sohn von Niam, der jedoch bereits verkauft wurde. 1985 wurde sie dann tragend von Machmut. Heraus kam das vielversprechende Hengstfohlen El Shahwan. Saemah war zweimal Siegerstute des Asil Cups in Dillenburg, auch ihr Sohn wurde hoch dekoriert.

Protokoll:

SAEMAH

Geboren:	3.4.1981
Farbe:	Schimmel
Geschlecht:	Stute
Stockmaß:	151,5 cm
Züchter:	Peter Groß, Gut Dieckhorst, 3173 Muden-Dieckhorst, Tel. (0 53 75) 361
Besitzer:	siehe Züchter
Leistungen:	Zweifache Siegerstute Asil Cup

Madkour I	Hadban Enzahi	Nazeer	Mansour	Gamil Manial
				Nafaa el Saghira
			Bint Samiha	Kazmeen
				Samiha I
		Kamla	Sheikh el Arab	Mansour
				Bint Sabah
			Samha	Baiyad
				Bint Samiha
	Moheba II	Ghazal	Nazeer	Mansour
				Bint Samiha
			Bukra	Shahloul
				Bint Sabah
		Malacha	El Sareei	Shahloul
				Zareefa
			Moheba	Sid Abouhom
				Halima
El Samraa	Kaisoon	Nazeer	Mansour	Gamil Manial
				Nafaa el Saghira
			Bint Samiha	Kazmeen
				Samiha I
		Bint Kateefa	Sid Abouhom	El Deree
				Layla
			Kateefa	Shahloul
				Bint Rissala
	Bint Wedad	Hassan	Nazeer	Mansour
				Bint Samiha
			Hemmat	Sid Abouhom
				Maysouna
		Wedada	Aboud	Adham
				Obeya
			Bint Yosreia	Hamdan
				Yosreia

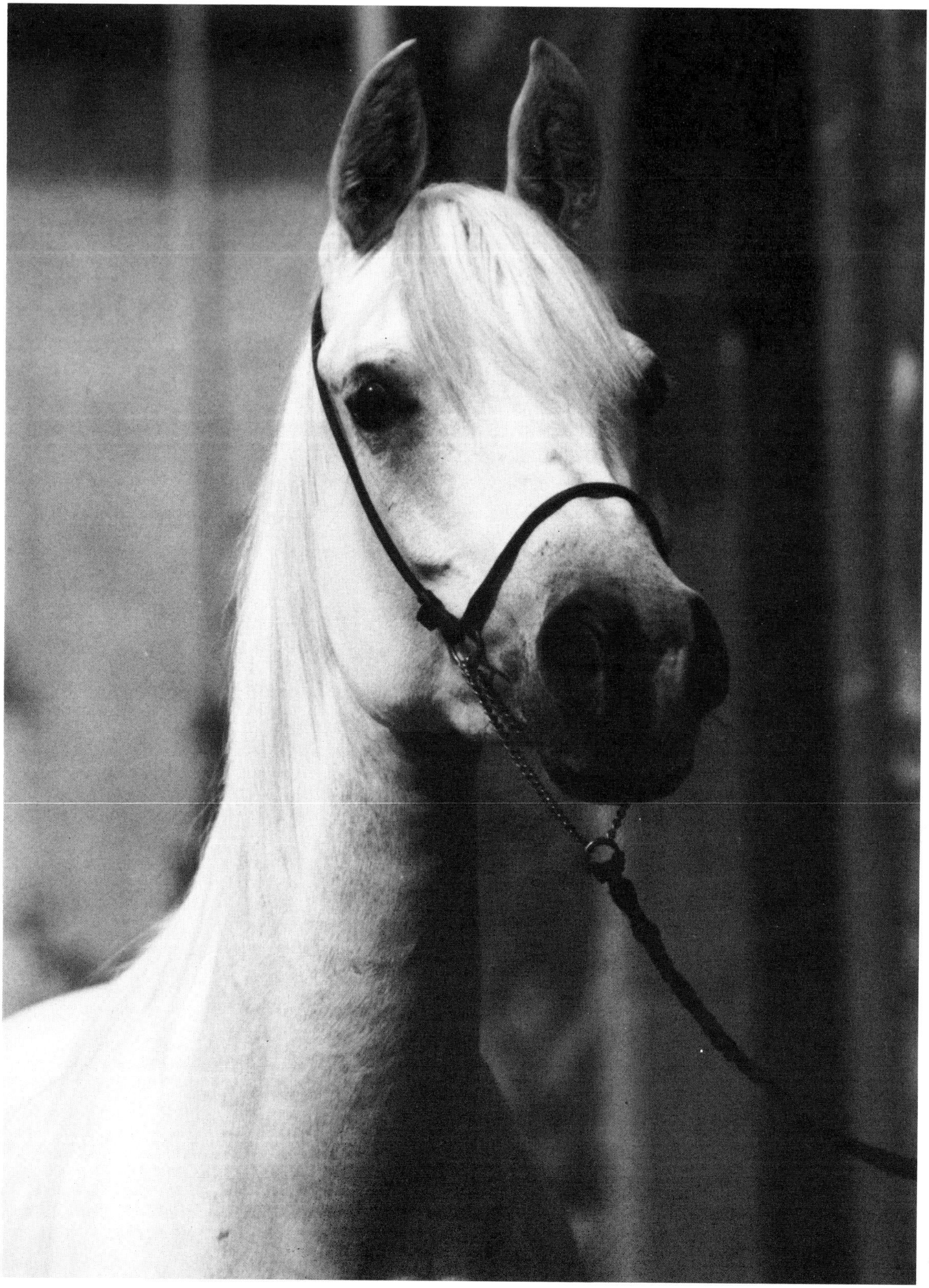

Saemah

Foto: Irina Filsinger

El Shahwan von Machmut a.d. Saemah.
Z. u. B.: Peter Groß, Gut Dieckhorst.
Foto: Irina Filsinger

Saemah
Foto: Irina Filsinger

Shiwa

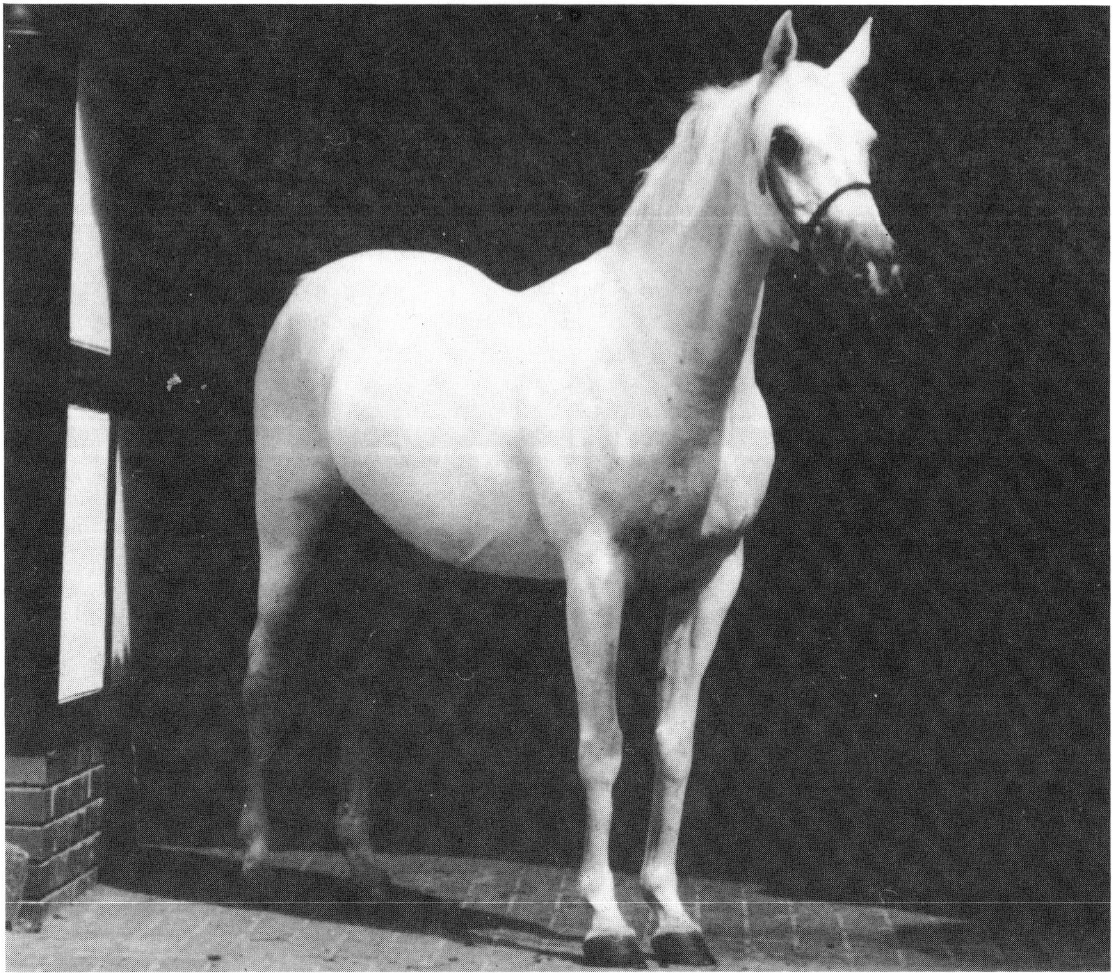

Foto: Gabriele Boiselle

Eine der besten Ghazal-Töchter

Auf dem Vollblutarabergestüt Ismer bei Ströhen gehörten Pferde schon immer zur lebenden Kulisse. Seit 1240 gehört der Hof Wege bei Ströhen der Familie Ismer. Nachdem Mitte der sechziger Jahre Hochwasser, Mißernten und Rinderseuchen das Gut heimsuchten und die landwirtschaftliche Lage immer schwieriger wurde, machte Rolf Ismer aus der Not eine Tugend. Aus dem Bauernhof wurde ein Tierpark mit inzwischen über 1000 Tieren, darunter auch Ponys.

Als die Kinder von Rolf Ismer größer wurden, wollte er ihnen mit einem etwas größeren, veredelten Kinderreitpony nach englischem Vorbild eine Freude machen. Der berühmte Araberhengst Ghazal vom Gestüt Lütetsburg erschien ihm als Veredler der richtige. So wurde die Ismersche Ponyzucht schnell berühmt.

Rolf Ismer indes kam von den Arabern nicht mehr los. Mit der Haladin-Winette-Tochter Fatme gründete er 1959 seine Vollblutaraberzucht. Berühmte Pferde kamen fortan vom Gestüt Ismer, mit Sorgfalt gezüchtet und gepflegt. Zuchthengste wie Wisznu und Ghazal brachten edelstes ägyptisches Blut auf das Gestüt. Von Ghazal stammt auch die bildschöne Schimmelstute Shiwa ab.

Ghazal ist ein Sohn des Nazeer und der Bukra

aus dem Staatsgestüt El Zahraa in Ägypten. Und Shiwas Mutter hat ebenfalls sehr gutes Blut in den Adern. Sie stammt von dem Nazeer-Sohn Hadban-Enzahi und der Marbacher Stute Haita ab.
Den Nachkommen von Ghazal sagt man eine hervorragende Haltung, erstklassige Reiteigenschaften und eine außergewöhnliche Typausstrahlung nach. Alle diese Eigenschaften finden sich auch bei der bemerkenswerten und sehr schönen Stute Shiwa wieder. Vor allem mit den Hengsten Diem und Madkour I brachte sie eine überzeugende Nachzucht. Man denke nur an Dal Mashour oder Madour bei den Hengsten und an Mashoura und Ma Chere bei den weiblichen Nachkommen.

Shiwa ist im Jahr 1987 im Alter von 16 Jahren plötzlich eingegangen.

Protokoll:

SHIWA

Geboren:	26. 12. 1971
Farbe:	Schimmel
Abzeichen:	Schnippe von rechter Nüster unregelm. auf Oberlippe auslaufend, linker Hinterfuß weiß
Geschlecht:	Stute
Stockmaß:	148 cm
Züchter:	Rolf Ismer, Tierpark Ströhen, 2839 Ströhen, Tel. (0 57 74) 505
Besitzer:	Züchter
Leistungen:	Beste Nachzucht

Ghazal	Nazeer	Mansour	Gamil Manial	Saklawi II Dalal
			Nafaa el Saghira	Meanagi Sebili Nafaa el Kebera
		Bint Samiha	Kazmeen	Sotam Kasima
			Samiha	Samhan Bint Hadba el Saghira
	Bukra	Shahloul	Ibn Rabdan	Rabdan Bint Gamila
			Bint Radia	Mabrouk Manial Radia
		Bint Sabah	Kazmeen	Sotam Kasima
			Sabah	Mabrouk Manial Bint Obeya
Shari	Hadban Enzahi	Nazeer	Mansour	Gamil Manial Nafaa el Saghira
			Bint Samiha	Kazmeen Samiha
		Kamla	Sheikh el Arab	Mansour Bint Sabah
			Samha	Baijad Bint Samiha
	Haita	Halef	Enwer Bey	Abu Mlech Koalicja
			Kasztelanka	Koheilan I Bialogrodka
		Jatta	Jasir	Mabrouk Manial Nigma
			Soldatesca	Souakim Sylybide I

Wega

Die bildschöne Nazeer-Enkelin

Als kleines Mädchen hat Frau Tiemann von ihrem Vater ein Buch mit dem Titel »Liebesbriefe an arabische Pferde« geschenkt bekommen. Danach blieb es ihr größter, heißester Wunsch, selbst einmal ein so prachtvolles Pferd zu besitzen. Doch wie es im Leben halt so ist: Da sind erst einmal andere Dinge in Familie und Beruf stets etwas wichtiger. 1969 war das Ehepaar Tiemann zu Besuch auf dem Gestüt von Friedrich Hagemann in Westercelle, und dort sahen die beiden das erste Mal die Stute Wega. Vor Frau Tiemann stand das Traumpferd ihrer Jugend. 1960 hatte Friedrich Hagemann Wega als Fohlen vom Gestüt Lütetsburg des Fürsten von Inn- und Knyphausen, zum Aufbau einer Vollblutaraberzucht übernommen. Man kann Friedrich Hagemann verstehen: er wollte seine Zuchtstute Wega durchaus nicht an Tiemanns verkaufen. Man kann aber auch das Ehepaar Tiemann verstehen, deren Krankheit »Arabitis« nun ein Hauptsymptom aufwies: Wega. Der Moment, als sie die Schimmelstute gesehen hatten, war in

der Tat die berühmte »Liebe auf den ersten Blick«.
Frau Tiemann: »Der Kontakt zwischen Mensch und Tier war sofort da. Es hatte gleich gefunkt mit der Wega und uns!« Tiemanns fuhren seit 1969 immer wieder nach Westercelle, um »ihrem Traumpferd« einen Besuch abzustatten. Nachdem Wega zwei Jahre lang güst geblieben war, kam endlich die große Chance. Friedrich Hagemann rief kurz vor Weihnachten 1973 an: »Ich habe mich entschlossen, Wega zu verkaufen, ich mache Sie aber gleich darauf aufmerksam, daß die Stute für die Zucht in letzter Zeit nichts mehr gebracht hat.«
Aber das war Tiemanns völlig egal. Geld geholt, nach Westercelle gefahren und Wega mitgenommen waren eins. Für Tiemanns war es das schönste Weihnachtsgeschenk. Der Pferdekenner Carl-Heinz Dömken sagte einmal über Wega: »Sie war eine der schönsten Stuten der damaligen Zeit, vielleicht die schönste.«

Protokoll:

WEGA

Geboren:	23.6.1959/gest. August 1978
Farbe:	Schimmel
Abzeichen:	Str. lange Schnippe, Obl. u. Utl. weiß mit Forellenfln. rechter Vorderhuf außen hell, ein Vorderhuf dunkel, beide Hinterhufe hell
Geschlecht:	Stute
Stockmaß:	148 cm
Züchter:	Fürst zu Inn- und Knyphausen, Lütetsburg
Besitzer:	Rudolf Tiemann, 2000 Hamburg 95, Elbdeich 83, Tel. (0 41 63) 46 41
Leistungen:	Beste Nachzucht

Ghazal	Nazeer	Mansour	Gamil Manial	Saklawi II
				Dalal
			Nafaa El Saghira	Meanagi Sebili
				Nafaa El Kebera
		Bint Samiha	Kazmeen	Sotam
				Kasima
			Samiha	Samhan
				Bint Hadba El Saghira
	Bukra	Shahloul	Ibn Rabdan	Rabdan
				Bint Gamila
			Bint Radia	Mabrouk Manial
				Radia
		Bint Sabah	Kazmeen	Sotam
				Kasima
			Sabah	Mabrouk Manial
				Bint Obeya
Winette	Wind	Ofir	Kuhailan Haifi	Kuhailan Kharas
				Kuhajlan Haifi
			Dziwa	Abu Mlech
				Zulejma
		Jaga II	Koheilan I	Koheilan IV
				Ghazal
			Bajka	Amurath III
				Siglavi Bagdady
	Jeanette	Jasir	Mabrouk Manial	Saklawi II
				Tarfa
			Nigma	Dahman Grey
				Bint Yamama
		Dinarsad	Dynamit	Souakim
				Dueba
			Doris	Dardziling
				Sardine

Wega wurde 1959 geboren und hat bestes Araberblut in den Adern. Ihr Vater war der Originalaraberhengst Ghazal. Ein Sohn des legendären Nazeer und der Bukra. Mütterlicherseits stammt Wega von der in Marbach gezogenen arabischen Vollblutstute Winette ab. Bei so berühmten Vorfahren ist es nicht so sehr verwunderlich, wenn aus Wega eine bildschöne Stute wurde. Sie hatte sehr viel mütterlichen Stutenausdruck, einen zauberhaften Hals, einen guten Widerrist und eine arabische Kruppe. Ihr starkes Vorderbein, ihre elastischen Fesseln und der lange Schritt verliehen ihr einen kräftigen, schwungvollen Gang.

Diese Vorzüge hat sie zum größten Teil auch an ihre Nachkommen weitergegeben. Bei Friedrich Hagemann hatte sie gleich am Anfang große Zuchterfolge. Einige Zuchtstuten, wie zum Beispiel Nazira und Wadnah zeugen davon. Mit Wadnah führte Hagemann auch seine Zucht nach dem Verkauf von Wega an Tiemanns fort. Mit dem hervorragenden Beschäler Nizar hatte Wega vier Fohlen. Zwei gekörte Hengste waren darunter: Nil und Nuri Schalan, die beide sehr erfolgreich sind. Ein Enkel von Nuri Schalan ist für 1,2 Millionen Dollar an den US-Popstar Kenny Rogers verkauft worden.

Bei Tiemanns sollte Wega, nachdem sie in Westercelle güst geblieben war, zum Reiten und Fahren eingesetzt werden oder einfach als gute Freundin auf dem Gehöft bei Hamburg leben. Die Überraschung war riesengroß, als Wega doch wieder tragend wurde. Mit Sekrit bekam sie das Hengstfohlen Saumur. Und mit dem sehr erfolgreichen Hengst Marwan, der ebenfalls im Besitz des Ehepaars Tiemann ist, brachte sie die beiden Stutfohlen Wannagah und Winettka sowie den Hengst Wahabi. Wahabi wurde später gekört und anerkannt. So haben es die Tiemanns allein schon aus diesem Grunde nie bereut, ihr Traumpferd Wega damals gekauft zu haben. Viel Freude hat ihnen diese Stute bereitet und ihre Vollblutaraberzucht weitgehend mitgeprägt.

Wega mit ihrem Fohlen Winettka

Nuri Schalan (Nizar/Wega) Z.: Hagemann, B.: Prof. Koenig, geritten von Heike Schmidt. Foto: Koenig

Nil v. Nizar a.d. Wega bei seiner ersten Probe als Kosakenpferd mit seinem Reiter Peter Schneider. Die Aufnahme entstand im Gestüt von Constanze und Carl-Heinz Dömken. Foto: Dömken

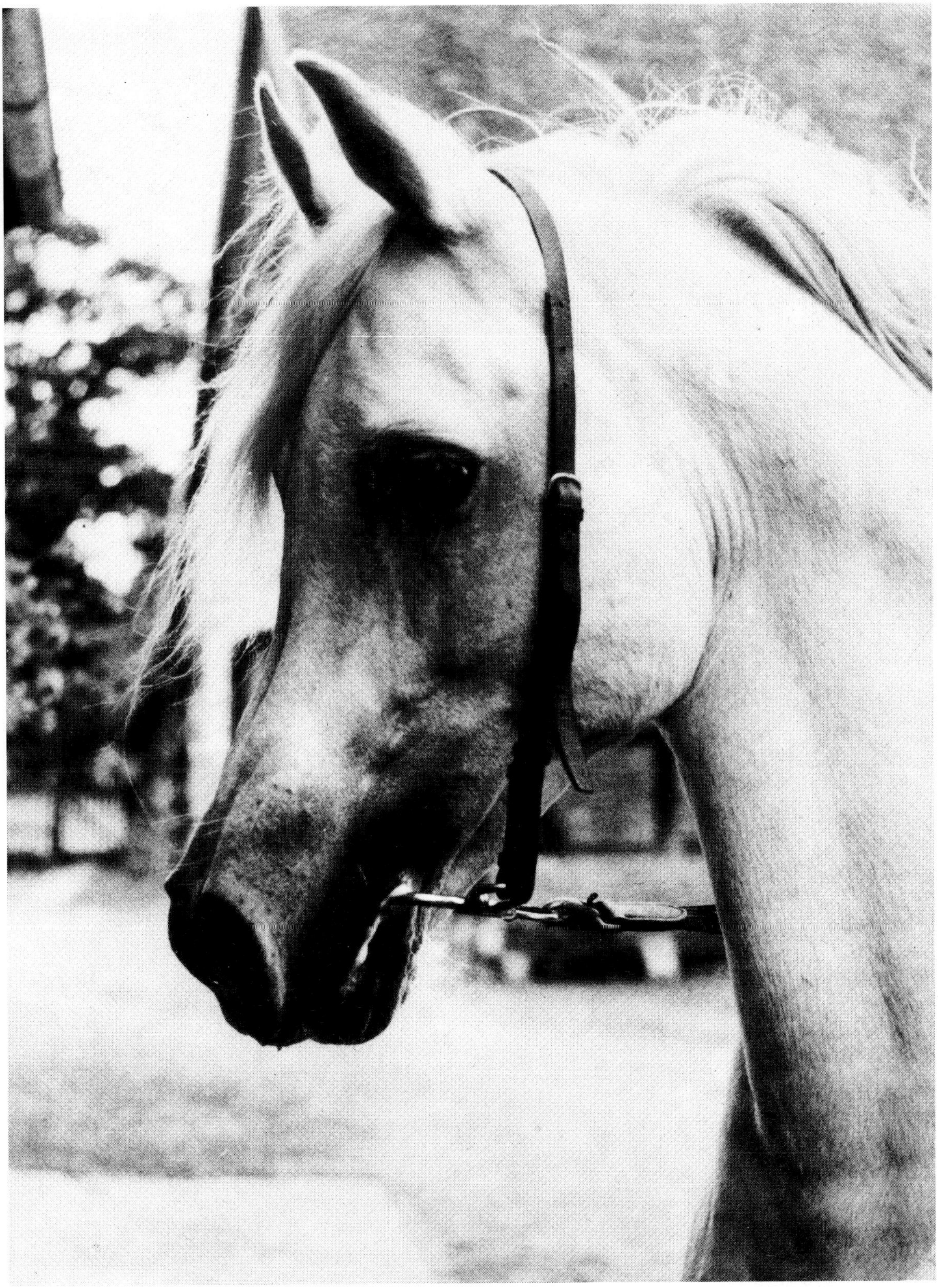

Unverkennbar ist der Nazeer-Sohn Ghazal der Vater der bildschönen Wega.

Winette

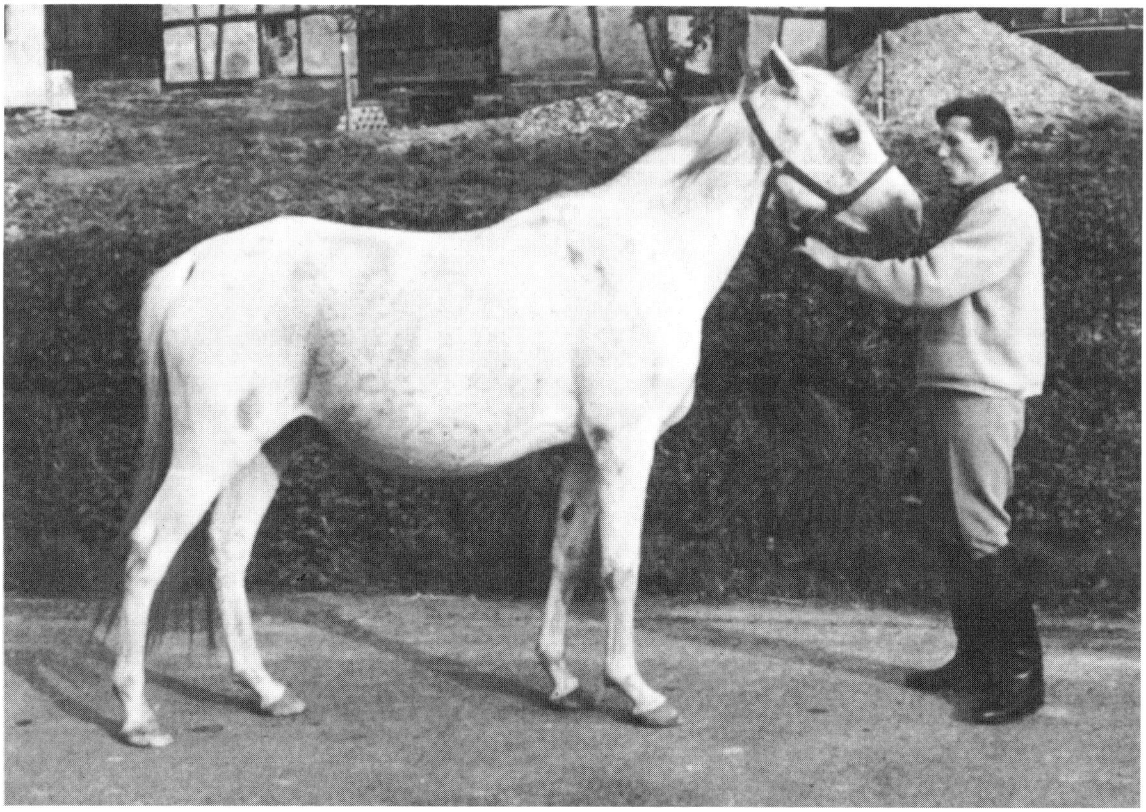

Foto: Dr. Frielinghaus

Trocken im Typ, tiefschwarze Augen

Das Hauptzuchtziel von Irmtrud Mundinger ist die Kreuzung der Weil/Marbacher und der polnischen Blutlinie mit besonders wertvollen ägyptischen Blutlinien. Damit wird die Tradition der alten ägyptischen Gestüte fortgesetzt, die schon immer neues orientalisches Blut mit alten bewährten Blutlinien kombiniert haben.
So steht denn auch höchste Qualität auf den Weiden des Vollblutarabergestüts Mundinger in der Nähe von Karlsruhe. Seit 1975 engagiert sich Irmtrud Mundinger in der Vollblutaraberzucht und kann einige züchterische Erfolge nachweisen. Das Gestüt hat von jedem der drei großen Nazeer-Söhne eine Tochter in den Stallungen.
So ist Seja von Hadban Enzahi aus der Setnacht. Ghandura zeugte Ghazal aus der Koheyla und Kazeemah stammt von Kaisoon. Kazeemahs Mutter ist die Schimmelstute Winette. Für Irmtrud Mundinger war es eine besondere, außergewöhnliche Freude, neben der schönen Kazeemah auch die Mutter, die der Tochter eben diese Schönheit vererbt hat, auf ihrem Gestüt begrüßen zu dürfen. 1982 wurde die 30jährige Winette an Mundingers verkauft. Zu diesem Zeitpunkt ging es Winette allerdings nicht so gut. Sie hatte Beschwerden in den Hinterbeinen, sie waren dick angeschwollen. Irmtrud Mundinger steht auf dem Standpunkt, daß ein Pferd nicht nur zum Anschauen da ist, sondern auch geritten werden sollte: »Winette haben wir therapie-

mäßig geritten. Die Reiterei ist ihr so gut bekommen, daß sie sogar kurze Zeit später in Aachen antreten konnte und prompt das Vererberchampionat gewonnen hat.«
Wenn Irmtrud Mundinger von Winette erzählt, kommt sie ins Schwärmen: »Winette ist meine Traumstute.« Und das nicht nur wegen ihres markanten, trockenen Typs und ihrer wunderschönen, großen und tiefschwarzen Augen, die sie auch an ihre Töchter Mekka und Kazeemah weitervererbt hat. Irmtrud Mundinger: »Ich liebe Pferde mit Charakter. Winette war nie bösartig, aber wenn sich Fremde näherten, ist sie ausgewichen. Auch mit Futter konnte sie dann keiner locken — eine unheimlich stabile Persönlichkeit.«
Auch diese Charaktereigenschaften hat die großartige Winette immer an ihre Kinder weitervererbt.

Protokoll:

WINETTE

Geboren:	22. 4. 1951/gest.
Farbe:	Schimmel
Abzeichen:	Schattierter Nasenrücken, rechte Vorderfessel und rechte Hinterfessel schief weiß, linker Hinterfuß weiß, vorn dunkel, hinten helle Hufe.
Geschlecht:	Stute
Stockmaß:	153 cm
Züchter:	Württembergisches Haupt- und Landesgestüt Marbach, 7421 Marbach.
Besitzer:	Irmtrud Mundinger, Sallenbusch 12, 7504 Weingarten, Tel. (0 72 44) 33 96
Leistungen:	Beste Nachzucht

Wind	Ofir	Kuhailan Haifi	Kuhailan Kharas	Kuhailan Adjouz
				Kuhaila Kharas
			Kuhailan Haifi	Szueiman Sbah
				Kuhaila Haifi
		Dziwa	Abu Mlech	Mlech I
				Lania
			Zulejma	Koheilan
				Pomponia
	Jaga II	Koheilan I	Koheilan IV	Koheilan II
				O'Bajan
			Ghazal	Ghazal
				Scherife
		Bajka	Amurath II	Amurath
				O'Bajan
			Siglavy Bagdady	Siglavy Bagdady
				Malta
Jeanette	Jasir	Mabrouk Manial	Saklawi II	Saklawi I
				El Dahma
			Tarfa	Dahman Grey
				Bint Feriha
		Nigma	Dahman Grey	Gamil el Ahmar
				Ferida el Debbani
			Bint Yamama	Saklawi I
				Yamama
	Dinarsad	Dynamit	Souakim	Original-Araber
				Symrna
			Dueba	Djerid
				Sabine
		Doris	Dardziling	Mazepa
				Omega
			Sardine	Souakim
				Savona

Zabia

Foto: Irina Filsinger

Die edle, trockene Wüstenstute

In den späten 60er Jahren entschieden sich die Eheleute Filsinger, Gestüt Roter Busch, neben ihrer Stammstute Malikah noch zwei weitere rein ägyptisch gezogene Stuten zu erwerben. In Deutschland gab es zu dieser Zeit so gut wie keine »reinen Ägypter«. Daher orientierte man sich am Staatsgestüt El Zahraa und kaufte zwei 1967 geborene Jungstuten: die braune Nazeefa (Gassir x Nazic) und die Fuchsstute Zabia (Tuhotmos x Zahda). Zusammen mit zwei weiteren Jungstuten kamen sie auf fast abenteuerliche Weise nach Deutschland: da der Lufttransport damals noch nicht üblich war, wurden die Pferde auf dem offenen Verdeck eines arabischen Frachters in ca. 14 Tagen von Alexandria nach Rijeka/Jugoslawien geschifft; keiner wußte genau, wann das Schiff losgefahren war und wann es ankommen würde. Unter kargsten Fütterungsbedingungen, bei Wind und Wetter mußten die Stuten ihre Härte und Zähigkeit beweisen. Von Rijeka aus wurden sie dann auf dem Landweg nach Österreich gebracht, wo sie ca. drei Monate in Quarantäne standen. Erst dann durften sie an ihren eigentlichen Zielort in Deutschland. Ihr Zustand bei der Ankunft war erschreckend. Abgemagert und ausgemergelt mußten sie sich gleich erneuter (klimatischer) Belastung stellen: bei ihrer Ankunft war gerade der erste Schnee des Jahres gefallen. Lange Zeit war unklar, ob die zierliche Wüstenstute Zabia diese ganzen Strapazen überstehen würde — der Gesundheitszustand der Zweijährigen war sehr schlecht. Doch Härte und Widerstandsfähigkeit sind Merkmale, die den Araber auszeichnen. Die Fuchsstute schaffte es, sich zu erholen. In dieser Zeit der intensiven Pflege zeigte sich ihr sanftmütiges und anhängliches Wesen immer stärker.

Zabia brachte in ihrer Ahnentafel wertvollstes Erbgut mit. Sie ist eine Tuhotmos-Tochter, Morafic-Enkelin und führt viermal in enger Folge das Blut des bedeutenden Shahloul (»der spektakuläre weiße Hengst, der jahrelang der R.A.S. als Hauptbeschäler vorstand und für einige der schönsten Köpfe seiner Zeit verantwortlich war.«; J. Forbis) und zweimal das von Moniet el Nefous. Sie ist der feine, trockene Wüstentyp, feminin und mütterlich in ihrer ganzen Art und Erscheinung. Ihre enormen Bewegungen vererbt sie ihren Nachkommen ebenso wie ihre Sanftmut und ihre guten Eigenschaften als Mutterstute. Sie ist eine Vererberin des edlen ägyptischen Typs.

Zabia brachte bislang 12 Fohlen zur Welt, alle rein ägyptisch gezogen, darunter den gekörten und leistungsgeprüften Zamaan sowie Töchter der Hengste Kaisoon, Malik, Maymoon und Nabil Ibn Nazeefa. Vier ihrer Töchter sind bereits erfolgreich in die Mutterstutenherde vom Gestüt Roter Busch eingereiht: die Kaisoon-Tochter Zeenah, eine außergewöhnliche Vererberstute mit enormer Ausstrahlung und Bewegungsmanier, die Malik-Tochter Zareefa, die diesselben schwebenden Gänge wie ihre Mutter und ihre Schwester hat; auch sie hat sich mit ihrer Tochter, der Juniorenchampionesse Zakija sowie deren Vollschwester und den beiden gekörten Söhnen bereits als besondere Vererberstute bewiesen. Die beiden Vollschwestern Zubaya Bint Zabia und Zulima Bint Zabia (beide von Maymoon) überzeugen als Individuen wie als Mutterstuten.

Zwei weitere typvolle Töchter (von dem braunen Nabil Ibn Nazeefa) befinden sich noch in der Jungtierherde. Eine Vollschwester zur Zareefa, die ein Jahr ältere Zahda, war bei der Int. Schau in Thann 81 Siegerin der älteren Stuten. Die Zabia-Enkelin Zeemana (Manal x Zeenah) wurde mit ihren Töchtern Bint Maymoon und Zama Maymoon von einem amerikanischen Züchter angekauft. Der Enkelsohn Zahi Ibn Maymoon wurde bereits mit zweieinhalb Jahren in Norwegen gekört und überzeugt dort durch seine hervorragende Nachzucht.

Tuhotmos	El Sareei	Shahloul	Ibn Rabdan
			Bint Radia
		Zareefa	Kazmeen
			Durra
	Moniet el Nefous	Shahloul	Ibn Rabdan
			Bint Radia
		Wanisa	Sheikh el Arab
			Medallela
Zahda	Morafic	Nazeer	Mansour
			Bint Samiha
		Mabrouka	Sid Abouhom
			Moniet el Nefous
	Om el Saad	Shahloul	Ibn Rabdan
			Bint Radia
		Yashmak	Sheikh el Arab
			Bint Rissala

Protokoll:

ZABIA

Geboren:	8.10.1967
Farbe:	Fuchs
Abzeichen:	St. Hfsl. l. w.
Geschlecht:	Stute
Stockmaß:	151 cm
Züchter:	Staatsgestüt El Zahraa, Ägypten
Besitzer:	Gestüt Roter Busch, Filsinger-Araber
Leistungen:	Beste Nachzucht

Zabia: bester Wüstentyp

Foto: Irina Filsinger

Balaton

Shagya-Araber Hengste

Gazal VII

Bajar

Vererberkraft und Leistungsstärke

Manfred Hansen, Besitzer des Gestüts Nordland sagt über den Shagya-Araberhengst Bajar: »Als ich Bajar kaufte, war ich Taxiunternehmer und besaß den Araber als Hobby; dann aber war es umgekehrt.« Dabei hatte sich Hansen anfangs gar nicht so recht entscheiden können. Zwar schaute er sich den Hengst Bajar auf eine Verkaufsanzeige hin sofort auf dem Arabergestüt Friesenhof an. Doch erst einmal hieß es weiter Umschau halten. Das war im Jahre 1972. Bald stellte Hansen fest, daß so ein Prachtexemplar von Shagya-Araber nicht zweimal in Deutschland Hafer frißt, und er machte 1973 den Kauf perfekt. Es sollte ein lohnender Handel werden. Für Hansen ist Bajar ein »Jahrhunderthengst«, wie er keinen mehr so schnell bekommen wird. Geboren ist Bajar 1969 in Hamburg aus der Gazelle von Suakim. Mit knapp drei Jahren kam der Hengst auf das Gestüt Nordland zu Manfred Hansen. Bei der Körung in Neumünster landete er ganz weit vorn, und zwei Jahre später kann Bajar bei der Hengstleistungsprüfung den Wettkampf vor etlichen Trakehnerhengsten für sich entscheiden. Auch im Reitsport schien der große, im Gang sehr schwungvolle Shagya-Araberhengst auf Erfolg programmiert zu sein. Bereits 1975 nahm er an A-Springen und an Vielseitigkeitsprüfungen teil und siegte dabei souverän. Danach setzte ihn Hansen auch immer mehr in der M-Klasse ein. Auch hier bringt der vielseitige Hengst mehrfach Siege und Plazierungen mit nach Hause. Durch seine großen sportlichen Erfolge wird Bajar zum Shagya-Araber mit der höchsten Lebensgewinnsumme. Ein Kreislaufkollaps beendet das Leben dieses außergewöhnlichen Hengstes viel zu früh mit 17 Jahren. Außergewöhnlich ist Bajar aber nicht nur in bezug auf seine sportlichen Leistungen gewesen. Auch was die Vererbereigenschaften angeht, kann dieses Pferd Leistungen vorweisen, die nicht alltäglich sind. In seinem 17jährigen Leben hatte er rund 1200 Stuten bedeckt und über 900 Fohlen gezeugt. Seine sportlichen Vorzüge zusammen mit seiner stattlichen Erscheinung und einem Charakter, den man als zugleich gutmütig und temperamentvoll, sensibel und aufmerksam bezeichnen kann, vererbt Bajar sehr gut weiter. Beispiele stehen — was Wunder bei der großen Anzahl von Nachkommen — in Araber-, Anglo-Araber-, Trakehner- und Ponygestüten in ganz Europa. Denn für alle diese Zuchtrichtungen war dieser Hengst als Beschäler zugelassen und anerkannt. Nur logisch also, daß Bajar auch für seine herausragenden Zuchtleistungen mehrfach prämiert wurde, unter anderem gewann er das Europa-Championat der Vererberhengste 1983 in Verden. Und seine Nachzucht legt sich bereits ebenfalls kräftig ins Zeug. So wurden die drei Bajar-Söhne Obajar, Beau und Pamino in dieser Reihenfolge 1982, 1983 und 1984 Siegerhengste bei der Körung. Obajar und Pamino haben auch die Hengstleistungsprüfung schon bestanden.

Suakim	Sultan	O'Bajan VII	O'Bajan VI	O'Bajan V
				Gazlan I
			Shagya XVIII	Shagya XVIII
				Koheilan I
		Shagya XXII	Shagya XXII	Shagya XVII
				Hamdani Semri I
			Shagya XVI	Shagya XVI Bab.
				Koheilan IV
	Gama	Landsknecht ox	Koheilan IV ox	Koheilan II ox
				O'Bajan ox
			Soldateska ox	Souakim ox
				Sylphide I ox
		Ipomea	Muezin	Ali Pasza db
				Sarolta
			Dziewanna ox	Bakszysz ox
				Kalina ox
Gazelle	Sultan	O'Bajan VII	O'Bajan VI	O'Bajan V
				Gazlan I
			Shagya XVIII	Shagya XVIII
				Koheilan I
		Shagya XXII	Shagya XXII	Shagya XVII
				Hamdani Semri I
			Shagya XVI	Shagya XVI Bab.
				Koheilan IV
	Gama	Landsknecht ox	Koheilan IV ox	Koheilan II ox
				O'Bajan ox
			Soldateska ox	Souakim ox
				Sylphido I ox
		Ipomea	Muezin	Ali Pasza db
				Sarolta
			Dziewanna ox	Bakszysz
				Kalina ox

Protokoll:

BAJAR
Geboren: 5.5.1969/gest. 30.7.1986
Gekört: 1972 in Neumünster
Farbe: Schimmel
Abzeichen: rechter Vorderhuf dunkel, drei helle Hufe
Geschlecht: Hengst
Stockmaß: 162 cm

Züchter: Anton ter Hazeborg, Friesenhof, 2355 Wankendorf
Besitzer: Manfred Hansen, Gestüt Nordland, Wieheberg 8, 2391 Großenwiehe, Tel. (0 46 04) 308
Leistungen: Körung Neumünster 1972, ZWKl. II, Hengstleistungsprüfung Medingen 1974 Sieger, zahlreiche Plazierungen und Siege im Reitsport. Anerkannter Deckhengst für die Vollblutaraber-, Anglo-Araber-, Trakehner- und Ponyzucht.

Balaton

Foto: Dr. Gramatzki

Großer Rahmen - überragender Gang

Die aus Ungarn importierte schwarzbraune Stute Babolna führte Dr. Gramatzki im Jahr 1971 dem großartigen Shagya-Hengst Gazal VII zu. Das Ergebnis dieser Paarung wurde ein Schimmel, der den ungarischen Namen Balaton (Plattensee) erhielt. Als Jährling verkaufte Gramatzki den kleinen Balaton an den bekannten deutschen Pferdezüchter Dr. Schmidt in Ankum, der ähnlich wie der legendäre Baron von Nagel, Vornholz, niemals auf den Brand oder die Rasse eines Pferdes achtet, sondern in erster Linie auf seine Qualitäten.

Balaton wuchs als verhältnismäßig dunkler Schimmel auf. Er entwickelte sich prächtig. Der junge Hengst stand in einem großen Rahmen, hatte viel Kaliber bei einer überaus eleganten Halsung. Im Jahr 1975 wurde der Schimmel zur Körung gestellt und natürlich an vorderer Stelle gekört. Zwei Jahre später mußte er auf der Hengstleistungsprüfung beweisen, ob seine Beurteilung standhielt, die er auf der Körveranstaltung bekommen hatte: »... gute Sattellage, geschlossen, starkes Fundament, Sprunggelenk kräftig, etwas Winkel, überragender Gang.«

Mit 16 anderen Hengsten ging Balaton in die 100 Trainingstage auf der Prüfungsanstalt des Klosterhofes in Medingen. Balaton schlug sich ausgezeichnet. Mit über 109 Punkten landete er unter Hengsten ganz unterschiedlicher Zuchtrichtungen auf dem ausgezeichneten dritten Platz.

Ein Jahr nach der Körung hatte Ruth Pack vom renommierten Gestüt Reichshof den Hengst von Dr. Schmidt gekauft, weil sie ihn in ihrer

Shagya- und auch in ihrer Trakehnerzucht einsetzen wollte. Nicht nur wegen des ausgezeichneten Ergebnisses der Hengstleistungsprüfung wurde Balaton vom Trakehnerverband anerkannt und hat inzwischen eine Reihe von Trakehnerstuten belegt.
Balaton ist folgendermaßen bewertet worden: Typ gut, Gebäude gut, Regelmäßigkeit sehr gut, Schwung sehr gut, Gesamteindruck sehr gut. Der Hengst hat ein Stockmaß von 158 Zentimetern bei einem Brustumfang von 185 Zentimetern und einer Röhrbeinstärke von 19,5 Zentimetern.

Protokoll:

BALATON

Geboren:	1972
Züchter:	Dr. Fritz Gramatzki
Farbe:	Schimmel
Abzeichen:	gr. Schn., l. Hinterkr. u. Ballen w., drei dkl. Hufe, l. Hinterh. gestreift.
Stockmaß:	158 cm
Besitzer:	Gestüt Ruth Pack, Reichshof
Leistungen:	Beste Nachzucht

Gazal VII	Gazal II	Gazal I	Gazal ox	Gazlan I ox
				O'Bajan ox
			Shagya X	Shagya X
				Gazlan ox
		Shagya XVI	Shagya XVI	Shagya XI
				Gazlan I
			Koheilan IV	Koheilan IV ox
				Saklavy Jedran
	Shagya XXV	Shagya XXV	Shagya XVII	Shagya IX
				Amurath
			Koheilan III	Koheilan III
				Shagya XI
		Shagya XXI	Shagya XXI	Shagya X
				Shagya I
			Siglavy Bagdady	Siglavy Bagdady
				Shagya XI
Babolna	O'Bajan XIII	O'Bajan X	O'Bajan VII	O'Bajan VI
				Shagya XVIII
			Shagya XVII	Shagya XVII
				Gazal
		Kuhaylan	Kuhaylan Zaid	Kuhaylan Abu Junub ox
				Kuhaylah Al Ziyadah ox
			Kemir ox	Kemir ox
				Koheilan IV ox
	Kemir II	Kemir II	Kemir I ox	Kemir ox
				Siglavy Bagdady ox
			O'Bajan VII	O'Bajan VII
				Shagya XXIII
		Shagya XXV	Shagya XXVII	Shagya XXI
				Shagya XXV
			Shagya XXV	Shagya XXI

Gazal VII

Von europäischer Zucht-Bedeutung

Es ist ein Nachkriegsschicksal, das der herausragende Vererber Gazal VII erleben mußte. Im vorletzten Kriegsjahr wurde der Schimmel, Sohn des Grauschimmels Gazal II, geboren. Die Pferde des ungarischen Staatsgestütes Babolna waren auf der Flucht in den Westen. In Wiener-Neustadt, in Österreich, ist Gazal VII 1944 zur Welt gekommen. In Bayern ist er aufgewachsen — seine Heimat in jungen Jahren war Donauwörth.

Die Nachkriegswirren sind der Grund, warum der berühmte Gazal VII mehrere Brände erhielt. Neben dem »B« als Brandzeichen für Babolna hatte er auch als letzter Araber noch die Stephans-Krone, Zeichen des ungarischen Herrscher-Hauses im Brand. Doch ebenfalls zierte den Hengst ein kreisrunder Brand in der Größe eines Markstückes — das Zeichen der Besatzungsmacht USA, das verhindern sollte, daß dieser Hengst requiriert würde.

1947 kamen die aus Babolna geflohenen Araber und mit ihnen Gazal VII zurück nach Ungarn. In den ersten Jahren wurde der Schimmel als Landbeschäler für die ungarische Landeszucht aufgestellt. In dieser Zeit fielen rund 200 Fohlen, die ihn zum Vater hatten. Schon damals wurde Gazal VII in der künstlichen Besamung eingesetzt.

Wegen seiner guten Vererbung, er machte gleichermaßen Pferde, die rittig unter dem Sattel gingen und gut in der Anspannung, wurde Gazal VII 1953 in Babolna als Hauptbeschäler aufgestellt. Bis zum Jahr 1967 hat er die Hauptgestütsherde geprägt. Schon zu dieser Zeit hatte

sich Gazal VII einen Ruf weit über die Grenzen Europas verschafft. Er ist heute noch der Inbegriff des Shagya-Arabers mit seinem Kaliber, der gut gelagerten Schulter, der Rumpftiefe bei orientalischer Ausstrahlung, Schönheit und Energie der Bewegungen.
1967 gelang es dem deutschen Züchter Albert Schmidt-Ankum, den Hengst zu kaufen.
Gazal VII wechselte in das Gestüt nach Ankum und hat bis zu seinem Tod 1975 die deutsche Araberzucht in einem Maße beeinflußt, wie das nachher wohl keinem anderen Hengst mehr gelungen ist. Er hat aber nicht nur in der Araberzucht der Bundesrepublik seine Verdienste. Auch in der Trakehner- und Hannoveranerzucht ist Einfluß von ihm deutlich geworden, auf den die Zuchtleitungen heute nicht mehr verzichten wollen. Durch seine relative Größe, seine gute Röhrbeinstärke und seine elastischen Gänge eignet sich Gazal VII in besonderem Maße dafür, mehr Kaliber und mehr Rittigkeit in die Araberzucht einzubringen, auf der anderen Seite aber auch die erwünschten Eigenschaften des Arabers den Warmblutzuchten mitzugeben.

Protokoll:

GAZAL VII

Geboren:	9.9.1944 in Wiener-Neustadt, Österreich
Farbe	Schimmel
Abzeichen:	vier dunkle Hufe
Geschlecht:	Hengst
Stockmaß:	160 cm
Züchter:	Ungarisches Staatsgestüt Babolna
Besitzer:	Dr. Albert Schmidt, Dipl.-Landw. 4559 Ankum, Krs. Bersenbrück
Leistungen:	Gekörte Söhne: Ali Baba, Balaton, Bartok, Czardas, Durchlaucht, Galan I, Galan II, Gazal, Gazal I, Gazal II, Gazal VII-1, Gazal VII-9, Herold, Karim, Letzter Gazal, Othello. Töchter: 56 eingetragene Stuten in verschiedenen Zuchten.

Gazal II	Gazal I	Gazal	Gazlan I	Gazlan
				Jussuf
			O'Bajan	O'Bajan
				Bagdady
		Shagya X	Shagya X	Shagya VIII
				Abdul Aziz
			Gazlan	Gazlan
				Jussuf
	Shagya XVI	Shagya XVI	Shagya XI	Shagya VIII
				Amurath
			Gazlan I	Gazlan I
				Jussuf
		Koheilan IV	Koheilan IV	Koheilan II
				O'Bajan
			Saklavy Jedran	Saklavy Jedran
				Jussuf
Shagya XXV	Shagya XXV	Shagya XVII	Shagya IX	Shagya I
				Shagya II
			Amurath	Amurath
				Shagya IV
		Koheilan III	Koheilan III	Koheilan I
				O'Bajan
			Shagya XI	Shagya XI
				Gazlan Shagya
	Shagya XXI	Shagya XXI	Shagya X	Shagya VII
				Sheraky
			Shagya I	Shagya I
				Shagya II
		Siglavy Bagdady	Siglavy Bagdady	Siglavy
				Siglavy Jidran
			Shagya XI	Shagya XI
				Kara Mirza

Shagya XXXIX

Mit besten Dressureigenschaften

Elisabeth von Kleist hat unter den Pferdeleuten in Deutschland als Reiterin und Züchterin einen guten Namen. Frau von Kleist ist auch einer von jenen Pferdemenschen, die sich zuerst einmal nicht für das Brandzeichen eines Pferdes interessieren, sondern die wissen wollen, was ein Pferd unter dem Sattel leisten will und leisten kann.
Den edlen, intelligenten Pferderassen war Elisabeth von Kleist immer zugeneigt. Sie züchtete Trakehner, aber eben auch Shagya-Araber.
Im August des Jahres 1973 wurde in ihrem Stall ein kleines Hengstfohlen geboren. Dieses Fohlen fiel aus der schon 1949 in Babolna geborenen Stute Drau von dem Hengst Shagya XXXIX-1. Auch dieser Hengst, das kleine Fohlen bekam hinter der römischen Zahl die arabische Ziffer 11, war ein in Babolna geborener Hengst. Als er die Stute Drau bedeckte, war er gerade sieben Jahre alt. Das Hengstfohlen mit dem komplizierten Namen Shagya XXXIX-11 wurde schnell zu einem Schimmel.
1976 wurde der dreijährige Hengst in Darmstadt-Kranichstein zur Körung gestellt. Es wurde ein glanzvoller Auftritt: Shagya wurde mit einem Ia-Preis ausgezeichnet. Zwei Jahre später trat der Hengst unter 19 weiteren Kandidaten zur Hengstleistungsprüfung auf dem Klosterhof Medingen an. Um diese Prüfung zu bestehen, hätte er eine Gesamtpunktzahl von 76,68 benötigt. Shagya erreichte aber fast 120 Punkte und wurde damit nur von einem anderen Hengst geschlagen. Elisabeth von Kleist ist bis heute Besitzerin dieses Hengstes. Nach der Prüfung — ein

wenig natürlich auch schon davor — hat sie ihn selbst dressurlich ausgebildet. Der große und elegante Hengst, der in einem großen Rahmen steht und sehr viel Linie hat, erwies sich von Anfang an als besonders lernwillig und überaus intelligent.

Elisabeth von Kleist hat mit diesem Hengst eine Reihe von großen Erfolgen in der Dressur errungen, darüber hinaus ist Shagya ein gefragter Beschäler, nicht nur in der Shagya-, sondern auch in anderen Zuchten.

Protokoll:

SHAGYA XXXIX

Geboren:	1973
Züchter:	Elisabeth von Kleist, Hassel
Farbe:	Schimmel
Abzeichen:	bd. Vfsl. w., l. Hsl. w.
Leistungen:	Gefördert bis zur schweren Dressur, 2. der Hengstleistungsprüfung in Medingen, beste Nachzucht.

Shagya XXXIX-1	Shagya XXXIX	Shagya XXXII	Shagya XVII	Shagya IX
				Amurath
			Koheilan IV	Koheilan IV ox
				Shagya XI
		Shagya XXV	Shagya XXV	Shagya XVII
				Koheilan III
			Shagya XXI	Shagya XXI
				Siglavy Bagdady
	Shagya XXXVI	Shagya XXXVI	Shagya XXXII	Shagya XVII
				Koheilan IV
			Shagya XXV	Shagya XXV
				Shagya XIX
		O'Bajan X	O'Bajan X	O'Bajan VII
				Shagya XVII
			Shagya XXIII	Shagya XXIII
				Koheilan IV
Drau	Shagya XXXII	Shagya XVII	Shagya IX	Shagya I
				Shagya II
			Amurath	Amurath Weil ox
				Shagya IV
		Koheilan IV	Koheilan IV ox	Koheilan II ox
				O'Bajan ox
			Shagya XI	Shagya XI
				Kara Mirza
	Shagya XXXVIII	Shagya XXVIII	Shagya XVI	Shagya XI
				Gazlan I
			Koheilan IV	Koheilan IV ox
				Saklawy Jedran
		Kuhaylan Zaid	Kuhaylan Zaid	Kuhaylan Abu Junub
				Kuhaylan Al Ziyadah
			Shagya XVIII	Shagya XVIII
				Koheilan I

Welch ein schöner Anblick: die dressurmäßig bis zur Klasse S geförderten Hengste Sascha und Achmed, beide a.d. Rumaila, beim Pas de Deux unter Jutta Hell und einer ihrer Schülerinnen.

Babolna Foto: Sting

Shagya-Araber Stuten

Pamina
Foto: B. Kamppeter

Babolna

Foto: Dr. Gramatzki

Ausgeglichen von Kopf bis Schweif

Im September des Jahres 1964 ist die Stute Babolna dort geboren, wie sie auch heißt: im ungarischen Staatsgestüt Babolna. Dort wurde die O'Bajan-Tochter aus einer Kemir-II-Mutter aufgezogen, bis sie erwachsen von Dr. Fritz Gramatzki übernommen wurde.

1967 reiste diese schwarzbraune Stute von Ungarn nach Deutschland und wurde im gleichen Jahr der Bewertungskommission vorgestellt. Damals gab es noch die Noten von 6 bis 0, wobei die 0 die beste Note war. Die Babolna überzeugte in allen Bereichen — sie erhielt durchgehend die höchsten Noten, wobei die Ausgeglichenheit dieser Stute sich in den Noten deutlich widerspiegelt: 1 im Typ, 2 im Gebäude, 2 in der Regelmäßigkeit, 1 im Schwung und eine 1 im Gesamteindruck. Sehr viel höhere Noten haben kaum Stuten in der gesamten deutschen Pferdezucht erhalten.

Die Mutter der schwarzbraunen Stute war eine sehr hoch im Blut stehende Stute. Daher sicherlich hat die Babolna ihren Adel, ihren arabischen Schmelz, der jeden Betrachter gefangennimmt. Die Halsung dieser Stute ist ideal geformt, sie hat eine gute Sattellage bei einem sehr gut gemachten und vor allem sehr elastischen Rücken. Dieser Rücken fließt in eine geräumige, leicht schräge Kruppe. Trotz des überragenden Typs ist die Babolna mit einem guten Fundament ausgestattet mit guten Gelenken. Alle Gangarten der Stute sind hervorragend, besonders imponierend ist allerdings der fliegende Trab, bei dem man den Eindruck hat, daß dieses Pferd mit den Hufen kaum den Boden berührt.

Das Temperament der Babolna ist ausgezeichnet, Kinder können mit diesem Mutterstutentyp umgehen. Als beste Mutter hat sich diese Stute während der vielen Jahre, die sie in der Zucht war, dann auch erwiesen. Sie kümmerte sich rührend um alle ihre Fohlen. Unter diesen Fohlen sind eine Reihe von gekörten Hengsten, unter anderem Balaton und auch Bartok.
Zweimal wurde die Babolna mit dem legendären Shagyahengst Gazal VII bedeckt — aus diesen Bedeckungen stammen die beiden Hengste Balaton und Bartok. Danach wurde die Babolna den Hengsten Czardas, Titus und Amor zugeführt, bevor ihr ständiger Hochzeiter der Hengst Bajar wurde.

Protokoll:
BABOLNA

Geboren:	1964
Farbe:	Schwarzbraun
Abzeichen:	kl. stichelhaariger Halbmondstern, längl. Schnippe, vier dunkle Hufe.
Geschlecht:	Stute
Stockmaß:	156 cm
Züchter:	Gestüt Babolna, Ungarn
Besitzer:	Dr. Fritz Gramatzki 2000 Hamburg-Osdorf Wesperloh 16
Leistungen:	Beste Nachzucht, darunter mehrere gekörte Söhne.

O'Bajan XIII	O'Bajan X	O'Bajan VII	O'Bajan VI	O'Bajan V
				Gazlan I
			Shagya XVIII	Shagya XVIII
				Koheilan I
		Shagya XVII	Shagya XVII	Shagya IX
				Amurath
			Gazal	Gazal
				Shagya XV
	Kuhaylan Zaid	Kuhaylan Zaid	Kuhaylan Abu Junub	Hadban Inzihi
				Kuhaylan Um Junub
			Kuhaylan Al Ziyadah	Siglavy Jidrani
				Kuhaylan Al Ziyadah
		Kemir	Kemir	Souakim
				Sylphide I
			Koheilan IV	Koheilan IV
				Mersuch I
198 Kemir II	Kemir II	Kemir I	Kemir	Souakim
				Sylphide I
			Siglavy Bagdady	Siglavy Bagdady
				Koheilan Raschid
		O'Bajan VII	O'Bajan VII	O'Bajan VI
				Shagya XVIII
			Shagya XVII	Shagya XVII
				Gazal
	Shagya XXVII	Shagya XXVII	Shagya XXIII	Shagya XX
				Mersuch
			Shagya XXI	Shagya XXI
				Gazal
		Shagya XXV	Shagya XXV	Shagya XVII
				Amurath
			Shagya XXI	Shagya XXI
				Shagya XX

Pamina

Foto: Werner Ernst

Typ und Schwung sehr gut

Um die Einrichtung eines Shagya-Stutbuches in der Bundesrepublik Deutschland hat sich der langjährige Geschäftsführer des Araberverbandes endgültige Verdienste erworben. Doch Dr. Fritz Gramatzki, der in seinem Leben mit einer Reihe von Pferderassen enge Bekanntschaft gemacht hat, ist auch als Züchter von Shagya-Arabern hervorgetreten.

Mit der Schimmelstute Pamina ist Dr. Gramatzki, der 1986 in hohem Alter seinen Geschäftsführer- und Zuchtleiterposten niederlegte, ein besonderer Wurf gelungen. Diese 1976 geborene Schimmelstute ist eine Shagyastute, an der züchterisch durchaus Maß zu nehmen ist.

Pamina stammt von dem in hohem Ansehen stehenden Hengst Amor. Ihre Mutter ist die sehr typvolle Stute Partita, die den legendären Shagyahengst Gazal VII zu ihrem Vater hatte. Mütterlicherseits ist die Partita über Jussuf VII gezogen.

Pamina hat ein Stockmaß von 157, einen Brustumfang von 180 und eine Röhrbeinstärke von 18,2. Die Eintragungskommission sparte bei dieser Stute, die im Alter von drei Jahren im Jahr 1979 vorgestellt wurde, nicht mit den ganz hohen Noten. Im Typ bekam diese Stute eine 9 (sehr gut), im Gebäude gab man ihre ein 8 (gut), im Gang bekam sie ebenfalls eine 8 und im Schwung wieder eine 9. Der Gesamteindruck für diese Stute lag bei einer 8, also einem glatten gut. Wenige Stuten innerhalb der deutschen Zucht können solche Eintragungsnoten vorweisen.

Bei der Pamina ist gelungen, wonach eigentlich jeder Züchter jeder Rasse strebt: Typ, Kaliber und Gangvermögen in einem Pferd harmonisch zu verbinden. Wenn der Typ das Maß erreicht hat, läßt meistens das Kaliber zu wünschen übrig — wenn aber das Kaliber die gewünschte Stärke hat, verlieren die Pferde häufig an Typ. Die Pamina ist darüber hinaus ein ausgezeichnetes Reitpferd. Durch den eleganten und hohen Aufsatz wirkt sie unter dem Sattel noch erheblich größer als sie ist. Sie verfügt über eine gute Sattellage und ist in sich sehr gut geschlossen. Das Fundament ist kräftig, bei sehr guten ausdrucksvollen Gelenken. Und der Gang dieser Stute ist über jede Kritik erhaben.

Protokoll:

PAMINA

Geboren:	1976
Farbe:	Schimmel
Abzeichen:	keine
Geschlecht:	Stute
Stockmaß:	157 cm
Leistungen:	Beste Nachzucht

Amor	**Czardas**	**Gazal VII**	**Gazal II**	**Gazal I**
				Shagya XVI
			Shagya XXV	**Shagya XXV**
				Shagya XXI
		Czarda	**Sigl. Bagdady**	**Siglavy Bagdady IV**
				Kuhaylan Zaid
			Gazal II	**Gazal II**
				Shagya XXII
	Anka	**Shagya XXXVI**	**Shagya XXXII**	**Shagya XVII**
				Koheilan IV
			Shagya XXV	**Shagya XXV**
				Shagya XIX
		Siglavy IX	**Siglavy IX**	**Siglavy VI**
				Gazal II
			Jussuf IV	**Jussuf IV**
				O'Bajan VI
Partita	**Gazal VII**	**Gazal II**	**Gazal I**	**Gazal**
				Shagya X
			Shagya XVI	**Shagya XVI**
				Koheilan IV
		Shagya XXV	**Shagya XXV**	**Shagya XVII**
				Koheilan III
			Shagya XXI	**Shagya XXI**
				Siglavy Bagdady
	Puszta	**Jussuf VII**	**Jussuf VI**	**Jussuf IV**
				Shagya XVII
			Gazal II	**Gazal II**
				Shagya XXIII
		Shagya XXXVI	**Shagya XXXVI**	**Shagya XXXII**
				Shagya XXV
			Koheilan VIII	**Koheilan VIII**
				Shagya XXIII

Morasha v. Anchor Hill Halim a.d. Mofeedah mit ihrem 1987 geborenen Hengstfohlen Muniq v. Maymoon. Z.: Petra Horsch, B.: Susanne Fritz, Königsbach.

Foto: Irina Filsinger

Sherif Pasha, geb. 1982, v. Ansata Abbas Pasha a.d. Sabah. Z.: Dr. H.-J. Nagel, Katharinenhof, B.: Arabergestüt Dobel/Katharinenhof.
Foto Irina Filsinger

Mahomed, geb. 1968, von Hadban Enzahi a.d. Malikah. Z.: Dr. E. Filsinger, B.: C.-H. Dömken, Vollblutarabergestüt, Hof Borstel, Dörverden.

Foto: Irina Filsinger

Personenregister

Pferderegister

M

N

Bildnachweis

Karin Bauer (1)
Gabriele Boiselle (1)
C.-H. Dömken (3)
W. Ernst (1)
Escher, Foto Escher/Erwin Escher (12)
Bernd Eylers (2)
Dr. Frielinghaus (1)
Irina Filsinger (75)
Dr. Gramatzki (2)
Michaela Heck (2)
B. Kamppeter (4)
Koenig (1)
C. Kugler (1)
Henri van Lent (3)
S. Poth (1)
J. Schlüter (1)
Gundel Stetza (6)
Sting/Heuner (1)

Alle Bilder, die nicht ausdrücklich mit dem Namen des Photographen versehen sind, wurden dankenswerterweise vom jeweiligen Züchter oder Besitzer des abgebildeten Pferdes zur Verfügung gestellt.